L'intimidation
(Ça fait mal!)

Ghislain Larocque

L'intimidation
(Ça fait mal!)

© Ghislain Larocque 2016

Catalogage avant publication de Bibliothèque et Archives nationales du Québec et Bibliothèque et Archives Canada

Larocque, Ghislain, 1975-, auteur

    L'intimidation (ça fait mal) / Ghislain Larocque.

    ISBN 978-2-9816903-4-0

        1. Intimidation. I. Titre.

BF637.B85L37 2018   302.34'3   C2018-940019-6

Correction : Carmen Beaulieu
Révision : Guy Villeneuve
Infographie : Marie-Eve Guillot

Éditeurs :

    Les éditions mine d'art
    481 rue Crémazie
    Berthierville , Québec

    J0K 1A0

    450-836-2110
    Site Web : www.Leseditionsminedart.com

© Copyright : Les éditions mine d'art (2018)

Dépôt légal :   Bibliothèque et Archives nationales du Québec
                  Bibliothèque et Archives Canada

                  ISBN 978-2-9816903-4-0

*Dénoncer c'est annoncer un changement
pour le présent et pour le futur…
Bravo pour ce livre !*

Je dédie ce livre à toi qui es victime (ou qui as été victime) et qui souffres (ou qui as souffert) d'intimidation

*Peu importe ce qui se passe dans ta vie, il peut arriver un moment où quelqu'un peut te faire mal à un point tel que tu ne sauras plus comment t'en sortir. Cette personne va prendre un plaisir fou à te voir souffrir.
La période de guérison pourrait te sembler interminable. Pendant ce temps, tu vas apprendre quelque chose de vraiment important sur toi-même. Tu possèdes une force en toi. Peu importe à quel point les autres prennent plaisir à te détruire, tu resteras toujours plus fort. Tu as tout ce qu'il faut pour conquérir le monde.*

Ce livre a pour but de sensibiliser les gens au phénomène de l'intimidation. J'ai du mal à croire qu'encore aujourd'hui ce fléau existe.

L'INTIMIDATION PEUT DÉTRUIRE DES VIES !

Il faut agir... Nous sommes sept milliards sur Terre. Cela signifie qu'il existe sept milliards d'histoires qui attendent d'être racontées. Et chaque histoire mérite d'être entendue... Tout le monde à notre façon, nous pouvons faire une différence !

Remerciements

Je ne peux pas commencer ce livre sans remercier Benoît Tanguay, mon coach d'écriture et ami, pour l'aide qu'il m'apporte depuis plusieurs années afin que je puisse réaliser mes rêves.

Vous le savez, écrire un livre demande des heures, des mois à écrire, et c'est sans compter le temps consacré à la recherche, aux interviews, à la rédaction et à la correction.

Alors je tiens à remercier sincèrement les gens suivants:

Ma douce moitié Nancy, merci de m'épauler et d'avoir confiance en mes projets. Tu as mis au monde en décembre 2016, mon 4e petit bébé : une belle petite fille que nous avons nommée affectueusement Rosalie. Je suis également plein de gratitude pour mes autres enfants : Ashley, Anthony et Magalie.

Tous ceux que j'ai rencontrés pour écrire ce livre, sans vous et votre grande générosité, cette œuvre n'aurait pas vu le jour. Je vous dois le plus grand respect, car vos histoires feront une différence auprès des lecteurs (trices).

Ces gens qui m'inspirent jour après jour, je vous remercie : Serge Cham, Tina Normand, Carole Aveline. Merci à plusieurs autres personnes qui m'encouragent à

L'intimidation ...ça fait mal !

poursuivre mes objectifs, même dans les moins bonnes journées.

Maintenant, je vous laisse entamer ce livre afin d'en apprendre davantage sur les rouages de l'intimidation, et sur le parcours de ces gens que j'ai eu l'occasion de connaître.

Préface

L'intimidation reste un sujet d'actualité dans notre société. Il ne devrait pourtant pas l'être.

Ghislain Larocque a choisi d'écrire sur cette thématique qui le touche non pas pour être « populaire », mais bien pour dénoncer, pour éduquer et pour prévenir.

Il veut de plus, donner une voix à ceux et celles qui souffrent des effets néfastes de l'intimidation.

Oui, c'est de cela qu'il s'agit, car l'auteur vous propose dans cette œuvre une série de témoignages, plus touchants les uns que les autres, de gens comme vous et moi qui ont vu leur vie marquée à jamais par des attaques intimidatrices. Ce livre s'adresse aussi bien aux gens intimidés qu'aux intimidateurs.

L'auteur a cru bon de garder le ton des témoignages qu'il a reçus en respectant le plus fidèlement possible le langage parlé. Ghislain réussit ce tour de force que très peu d'écrivains osent toucher du bout du doigt ce qui donne un réalisme poignant, et efficace, à la lecture des récits partagés.

Que dire de plus sur ce travail d'enquête colossale, sinon que Ghislain vous propose aussi des pistes de solutions afin d'en finir une fois pour de bon avec ce sujet sensible qu'est l'intimidation ?

Un livre pertinent à lire et à relire.

Benoît Tanguay

Prologue

Je suis fier de vous présenter mon deuxième livre. Lors d'un festi-livres à Trois-Rivières, c'était la première fois que je voyais autant d'adolescents(es) acheter des livres : que ce soit des bandes dessinées ou encore des romans adressés à eux (à elles). Par contre, dans tous ces kiosques, il ne s'en trouvait aucun qui pouvait venir en aide à ces jeunes en leur donnant des outils pour bien vivre leur vie.

Depuis 2013, je fais des conférences sur l'acceptation de soi-même, et sur le jugement des uns et des autres. À chaque fois que je suis sur une scène, je reçois des témoignages des gens sur le sujet de l'intimidation. J'ai remarqué que ce sujet sensible était une des raisons pourquoi les gens avaient du mal à s'accepter tels qu'ils sont. La difficulté à accepter une critique venant d'autrui a aussi attiré mon attention.

Après mon retour du festi-livres, je me suis mis à l'écriture de ce livre *L'intimidation (ça fait mal !)*. Ce livre contient des histoires vraies, des témoignages que j'ai reçus et qui m'ont été confiés. Par contre j'ai pris le soin de modifier quelques détails de leur vie personnelle afin de protéger l'identité de ces personnes qui ont bien voulu me raconter leur histoire. Ce livre contient des paroles directement rapportées, alors il peut arriver que le langage utilisé soit offensif envers certaines personnes. Ce livre a été conçu pour les adolescents(es), mais il plaira également aux parents qui veulent en apprendre plus sur les ravages causés par l'intimidation vécue chez les jeunes.

Statistiquement parlant, et ce depuis quelques années, l'intimidation est en hausse chez les filles. Les professionnels ont mentionné que 90 % des cas d'intimidation sont commis devant témoin. 84 % des cas d'intimidation se manifestent par de la violence verbale. Le Canada occupe le neuvième rang ce qui a trait à l'intimidation, cela veut dire qu'un adolescent sur trois a vécu de l'intimidation à l'école. Aussi selon une étude, 38 % des hommes et 38 % des femmes ont déclaré en avoir été victimes occasionnellement ou bien fréquemment. Pour terminer, selon l'étude, la cyberintimidation est rendue à 7 % des cas, mais ce qui est pire c'est que 75 % des cyberintimidations sont plus féroces que l'intimidation verbale. L'intimidation cause 90 % des pertes de rendement scolaire, et de 15 % d'absentéisme.

La loi sur l'instruction publique (article 13, paragraphe 1.1) définit ainsi l'intimidation :

« Tout comportement, parole, acte ou geste délibéré ou non à caractère répétitif, exprimé directement ou indirectement, y compris dans le cyberespace, dans un contexte caractérisé par l'inégalité des rapports de force entre les personnes concernées, ayant pour effet d'engendrer des sentiments de détresse et de léser, blesser, opprimer ou ostraciser. »

L'intimidation peut produire des effets traumatisants chez la victime, les témoins et leur entourage. Elle peut être ressentie comme une agression, une menace, un geste de domination, d'oppression ou de destruction.

Prologue

L'intimidation peut avoir des degrés divers et porter atteinte à l'individu sur les plans physique, social, matériel et psychologique ou le léser dans ses droits et libertés.

L'intimidation n'est pas un accident. Une personne peut en agresser une autre pour diverses raisons : faire rire ses amis, obtenir un statut social, faire peur, menacer, vouloir dominer l'autre.

Contrairement à l'agressivité, à la colère ou à la frustration, par exemple, la violence n'est pas une réaction première. Elle s'inscrit dans un processus et se construit dans le temps, en fonction des caractéristiques de la personne et sous l'influence de divers événements et de l'environnement.

L'intimidation implique une interaction entre au moins deux personnes, un rapport de force inégal entre, d'une part, l'auteur ou les auteurs de l'agression et, d'autre part, la personne vers qui les gestes, les paroles, les attitudes ou les actes de l'intimidation sont dirigés.

Qu'elle se produise entre élèves, entre adultes ou entre élèves et adultes, l'intimidation à l'école crée un climat malsain. Elle entraîne, entre autres, de la méfiance, de l'insécurité, une baisse du sentiment d'appartenance à l'école et de l'estime de soi, de l'anxiété et de l'isolement. Cela est sans compter l'absentéisme, les échecs scolaires, le décrochage des élèves et le désengagement des adultes.

Au Canada, nous ne protégeons pas suffisamment nos enfants, nos jeunes et même les adultes. Selon une récente enquête menée par l'Organisation mondiale de la santé (OMS), le Canada arrive aux 26e et

27e rangs sur 35 pays en matière d'intimidation et de victimisation.

Notre position sur l'échiquier international montre que d'autres pays ont réussi, mieux que nous, à combattre et prévenir les méfaits de l'intimidation sur leur territoire. Cela s'explique par l'absence, au Canada, de toute campagne nationale de sensibilisation pour lutter contre l'intimidation. Le nombre effarant d'élèves ayant affirmé exercer ou subir de l'intimidation confirme qu'il s'agit d'un véritable fléau social.

Je vous pose une question pour débuter, et je vous répondrai dans la conclusion de ce livre.

Où est la limite de la tolérance vis-à-vis de cette calamité qu'est l'intimidation ?

Définition

Il est question d'intimidation lorsque quelqu'un essaie de façon répétée de faire du mal à une autre personne sur le plan physique, affectif, dans son estime de soi, sur le plan de sa réputation ou dans ses biens matériels.

On parle de cyberintimidation quand l'auteur des intimidations utilise la technologie — les réseaux sociaux, le courriel, les messages texte, les échanges d'images, etc. — pour harceler quelqu'un.

Types d'intimidation

Selon les sources il existe cinq types d'intimidation (Source : Tel Jeunes) :

1. L'intimidation verbale
2. L'intimidation sociale
3. L'intimidation physique
4. L'intimidation sexuelle
5. Cyberintimidation

1. L'intimidation verbale : le plus populaire des types d'intimidation, car tout le monde le fait directement ou indirectement soit pour juger, insulter, humilier, menacer une autre personne; que ce soit des propos racistes, sexistes, homophobes ou même de harcèlement.

2. L'intimidation sociale : comme l'intimidation verbale, c'est-à-dire de propulser des rumeurs, d'exclure, de ridiculiser, de briser des amitiés ou d'isoler une autre personne.

3. L'intimidation physique : cette intimidation est simple à comprendre, elle consiste à frapper (coup de poing, coup de pied, pousser), cracher, voler ou même endommager les objets des autres, ceci est considéré comme des sévices physiques.

4. L'intimidation sexuelle : consiste à obliger la personne à adopter des comportements sexuels, de toucher les parties intimes d'une personne sans sa permission et ça peut aller jusqu'au harcèlement sexuel. Demander à une personne à répétition de faire quelque chose de sexuel, qu'elle/qu'il ne veuille pas faire. On peut aussi intégrer dans cette catégorie l'agression sexuelle.

5. Cyberintimidation : Depuis quelques années, la cyberintimidation prend de plus en plus de place dans l'intimidation. La cyberintimidation signifie harceler, menacer une personne à travers des courriels, téléphone cellulaire, texte message, réseau social, la création d'un site web haineux, la diffusion de photo compromettante ou même de créer de fausses rumeurs. La technologie des médias sociaux permet aux intimidateurs de demeurer anonymes lorsqu'ils diffusent à un grand public des messages ou des photos nuisibles. (Source Gouvernement du Canada)

CHAPITRE 1
Martin le Mammouth

Je m'appelle Martin et j'ai 15 ans. Comme certains d'entre vous qui lisez ce livre, j'ai été une victime de l'intimidation. Je pourrais même dire que j'ai été une « grande victime ». J'ai vécu ces rouages dès mon enfance et mon entrée à l'école. J'ai été traité de plusieurs noms tels que: con, dégueu épais, laid, mammouth, et même de monstre. Est-ce que ce que je viens de vous décrire résonne en vous ? Vous reconnaissez-vous ? Je le sais bien que je n'ai pas été seul à vivre ce phénomène. Pendant les cours, il arrivait souvent de me faire lancer des objets tels que des bouts de papier, des bouts d'efface, et des crayons. Tout cela sans que j'aie fait quoi que soit pour qu'on m'embête.

Je faisais souvent rire de moi dans les endroits où je passais. Je ne savais pas toujours pourquoi, sinon parce que j'étais considéré comme « différent ». Il m'arrivait de me faire poursuivre dans la rue, et de me faire crier des noms. Il m'est arrivé aussi de me faire frapper, mais de mon côté, je ne me suis pas défendu ni vengé. Pourquoi tous ces gestes méchants et inutiles ? Je me souviens d'une journée où une fille en classe m'avait aspergé de *Purel,* un produit désinfectant pour les mains. Elle a fait ça parce que ses amies lui avaient dit que j'étais une « bactérie », ou encore « un parasite mangeur de chair ». J'avais peur d'ouvrir mon compte *Facebook,* étant donné

L'intimidation ...ça fait mal !

que je recevais à maintes reprises des menaces de mort sans que j'aie adressé une parole de travers à qui que ce soit. Je ne comprenais pas pourquoi je recevais tant de gestes dégradants de la part des collègues de classe. Je croyais que toute l'école me détestait. Je mentionne bien TOUTE, même les gens qui travaillaient à l'école.

Lorsque j'ai osé parler de mes problèmes à certains enseignants, ceux-ci m'ont simplement répondu que c'était normal (oui normal !). Je m'étais fait dire que ce n'était que des plaisanteries d'enfants, et que je devais les ignorer. (Merci pour votre soutien, les enseignants !). Après avoir confié ce que je vivais à certains de ces adultes, ceux-ci continuaient leur travail, et ne semblaient plus m'accorder d'attention. J'ai eu à peu près la même réaction passive du directeur de l'établissement. Je lui ai tout raconté sur ma situation en tant qu'élève intimidé. Malgré le fait qu'il y ait eu des avertissements innombrables envers les intimidateurs, la situation ne changeait pas. Même que le problème semblait s'envenimer.

Je me sentais tellement seul dans tout ce parcours négatif et destructeur qui était le mien.

J'avais au moins un ami : Marco. Je pouvais au moins compter sur lui pour me comprendre et me supporter dans les moments les plus difficiles. Lorsque j'ai atteint l'âge de 12 ans, et entré dans l'adolescence, j'ai pensé à un certain moment à m'enlever la vie.

J'ai tenté d'en finir.

Heureusement, celle-ci n'a pas fonctionné et aujourd'hui, je peux vous raconter mon témoignage. Je crois que j'avais un ange gardien qui me soutenait, et qui me disait de continuer à avancer. Que tout finirait par s'arranger ! Malgré ce fait, j'ai subi de l'intimidation tout au long de mon secondaire. J'ose affirmer que c'était de plus en plus difficile à vivre.

Cela fait maintenant trois ans que je suis sorti de cet enfer. Quoique je n'ai pas encore réussi à surmonter les conséquences qui viennent avec le fait d'avoir été intimidé. Sans doute qu'il y aura toujours une brisure à l'intérieur de moi. Je vous le dis aujourd'hui : c'est comme un crime de faire subir autant d'injustice à un être humain qui n'a rien demandé. Qui de plus est sans défense. Actuellement, je reste avec des séquelles : stress, anxiété, peur constante. Je crains de me faire regarder et juger sans raison.

J'ai dû entamer un processus de thérapies afin de réapprendre à vivre sereinement et à croire en l'avenir. Être victime d'intimidation, c'est blessant ! Je le dis avec l'amour qui me reste envers la vie, si vous vous reconnaissez comme intimidateur, arrêtez de blesser les gens. Même si vous croyez que c'est pour rire ou que c'est juste pour « rigoler ». Pour les gens qui sont témoin de gestes gratuits, il faut arrêter de garder le silence et de faire comme si vous n'avez pas vu ou entendu. Vous avez le pouvoir, et le devoir d'aider votre prochain. C'est ensemble que nous pourrons faire une différence !

Conclusion
Martin le mammouth

En regardant de près cette première histoire, nous constatons que Martin a subi de l'intimidation verbale ainsi que de l'intimidation dite physique. Martin est

L'intimidation ...ça fait mal !

aujourd'hui un adulte, mais il souffre encore des conséquences psychologiques de ces années sombres. Il a peur de se faire juger négativement pour qui il est, alors il se cache sous des masques pour se faire « accepter ». Il souffre de symptômes dépressifs, et parfois, il peut devenir agressif. Heureusement, il a pu aller chercher de l'aide professionnelle pour l'aider à mieux vivre.

Il réussira à aller de l'avant, il a compris lui, qu'il n'y a pas de honte à aller chercher de l'aide.

Si tu en ressens le besoin, c'est la meilleure chose à faire que de se faire accompagner en passant à l'action.

CHAPITRE 2
Maude : la grosse momo

J'ai choisi de vous partager mon histoire non pas pour attirer votre attention, mais pour vous décrire comment de petites insultes peuvent devenir énormes avec le temps. Je m'appelle Maude. Je crois que personne ne devrait souffrir en silence. Comme je l'ai fait. Si vous me regardez, vous pouvez penser que je semble souriante et confiante. Même que je semble heureuse... Mais détrompez-vous !

Cependant, durant mon enfance, j'ai été victime d'intimidation. Il m'arrive même d'en subir encore aujourd'hui. Je le sais, je suis une personne influençable. Je me trouve aussi très fragile, très sensible. C'est difficile pour moi d'entendre toutes ces insultes qui me sont adressées. Je fais partie de celles qui ont vécu de l'intimidation verbale et de l'intimidation physique. Tout cela m'a fait très mal et a contribué à me détruire intérieurement.

À l'école, des gens m'ont attribué un surnom très méchant : la grosse Momo.

Il m'arrive souvent de pleurer en me demandant si j'ai réellement un problème. Je me demande si je suis vraiment laide, et vraiment grosse. Dans les faits, je ne le crois pas, mais le miroir, lui, semble avoir un autre avis. J'ai décidé de parler de ce que je vivais, et d'aller

L'intimidation ...ça fait mal !

consulter un professionnel pour m'aider à regagner une certaine estime de moi.

Ma fragilité demeure tout de même présente.

Heureusement, j'ai une bonne amie dans mon entourage. Je ne sais pas ce que je serais devenue sans elle. Je vis encore parfois des moments de grande souffrance. Il y a quelques semaines, j'ai même tenté de m'enlever la vie pour mettre fin à cette affreuse douleur qui se terrait en moi. Je me suis automutilée, et ensuite, j'ai avalé une grande quantité de médicaments. Il m'arrive de consommer des drogues en croyant que sous leur influence, je vais finir par m'accepter et m'aimer pour qui je suis.

J'ai un truc pour m'aider à rester forte quand tout semble aller mal. J'essaie d'oublier mes malheurs. Je crois que c'est en dénonçant les actes destructeurs d'intimidation que nous pourrons créer un vrai CHANGEMENT. Il est important de dénoncer si vous en êtes témoin. Vous le feriez, si vous saviez à quel point les mots et les gestes d'un intimidateur peuvent avoir de l'impact dans la vie d'une personne intimidée. Je vous encourage à regarder ce phénomène sous un autre angle.

Lorsque quelqu'un brutalise une autre personne que dites-vous ? Que faites-vous pour changer les choses ? Ne laissez pas les victimes isolées contre ces monstres du verbal. Il importe de ne pas ignorer l'intimidation afin que ces gestes ne restent pas tolérés dans notre société.

Conclusion

Maude : la grosse momo

Lorsque nous lisons cette histoire, nous constatons que Maude a subi de l'intimidation verbale et de l'intimidation physique. Lorsque j'ai rencontré Maude, j'ai rapidement remarqué qu'elle avait un manque d'estime envers elle, tout comme un manque flagrant de confiance en elle. Elle se déprécie, et elle se compare fréquemment aux gens.

Si tu te sens un peu comme Maude parfois, dis-toi ceci : tu es unique et centre-toi sur tes belles qualités.

Cesse de dire que tu es grosse et de te déprécier ainsi, cela ne mène nulle part. Continue de travailler ta confiance en toi, et à un moment, tu parviendras à t'accepter. Merci.

CHAPITRE 3
Natascha à la main disparue

Tu es une « bitch », une « pétasse », une « pute », « une salope ». Ce sont des surnoms qu'on m'attribue depuis la petite école primaire. Je m'appelle Natascha, et j'ai 16 ans. Je souffre d'intimidation, sans doute à cause du fait que je vous parais différente : il me manque une main. J'ai perdu ma main droite par accident, lors de ma naissance.

Lorsque les moqueries ont commencé à mon endroit, je ne comprenais pas ce qui se passait. J'essayais de passer par-dessus les injures que je recevais au quotidien. Si vous pouviez me voir, vous diriez probablement que je suis une belle fille : beaux cheveux longs, blonds, des jolis yeux bleus. Hélas, je suis tout de même victime d'intimidation.

Je me sens souvent découragée et triste. Je suis fatiguée de naviguer dans cet enfer. J'ai souvent essayé d'en finir avec la vie, mais je crois que je ne voulais pas me rendre au bout malgré la douleur qui m'habitait. À un moment, j'avais même demandé l'aide de mes parents pour en finir… Ces derniers m'ont aussitôt envoyée consulter de façon urgente. Heureusement, car je suis vivante aujourd'hui, et je peux vous parler de mon histoire. Il m'arrive encore parfois de me mutiler. Il me reste encore des cicatrices.

L'intimidation ...ça fait mal !

Des gens parlent régulièrement dans mon dos. Il y a parfois toutes sortes de rumeurs me concernant qui sont propagées. J'ai déjà entendu ces atrocités : « j'ai voulu branler un gars », ou bien je l'aurais déjà « payé pour coucher avec moi. » J'ai souvent entendu, de toute façon, que parce qu'il me manque une main, les hommes ne voudront pas de moi.

Évidemment, toutes ces méchancetés, ce ne sont que des faussetés.

J'aimerais beaucoup que ces paroles blessantes prennent fin. Parfois, je ne sais plus quoi faire avec tout ce que je vis. Malgré les consultations avec les professionnels, rien ne change, l'intimidation se poursuit. Je n'ai plus le goût d'aller à l'école, ni même de sortir de chez moi. Je n'ose même pas avoir de profil sur les réseaux sociaux parce que j'ai peur de me faire intimider. Il serait bien que les intimidateurs pensent aux dommages qu'ils créent lorsqu'ils rient des gens gratuitement. Vous trouvez cela drôle peut-être ou sans conséquence. Par contre, dites-vous qu'à cause de certaines personnes qui m'ont intimidée, ma vie, elle se trouve brisée.

Avant d'intimider un pair, il serait bon de réfléchir !

Conclusion

Natascha à la main disparue

Natascha, pour sa part, vit de l'intimidation verbale, de l'intimidation sociale, et même un peu de cyberintimidation. Toute comme Maude, elle n'a plus aucune estime d'elle-même. À cause de son handicap physique, elle croit qu'elle ne sera pas « apte » à vivre de belles histoires d'amour. Son entourage immédiat est plutôt restreint, et cela fait en sorte qu'elle se sent prisonnière de ne pas pouvoir user de ses deux mains comme la plupart d'entre nous.

Aujourd'hui, Natascha consulte pour avoir l'aide nécessaire afin d'aller mieux. Pourquoi des gens prennent-ils plaisir à rire d'une personne qui a un handicap ? La question se pose : est-ce que cette personne due à son handicap est différente de toi ? Non, cette personne est comme toi, et elle est comme moi : elle a aussi un cœur. Elle voudra aussi rendre service si nous lui en laissons l'occasion. Ces gens sont dotés des mêmes émotions : ils sont heureux, et parfois ils sont tristes. Pourtant, nous pouvons souvent observer dans notre milieu de travail, ou encore à l'école, une certaine discrimination envers ces gens. Ce n'est pas juste, nous devons dire NON et contrer ces injustices !

CHAPITRE 4
Godzilla

Je vous l'affirme, le fait de vous partager mon histoire est très difficile pour moi. Je m'appelle Sophie. Du plus loin que je me souvienne, j'ai commencé à subir de l'intimidation à la maternelle (oui dès l'âge de quatre ans). Déjà, à cette époque, les camarades de l'école semblaient me détester et ils ne voulaient pas jouer avec moi. J'étais en première année lorsque j'ai vécu cet incident : deux jeunes garçons couraient après moi dans la cour d'école pour m'attraper et me tasser dans un coin. Une fois accotée au mur, ils se sont mis à me donner des coups de poing et de pied.

Après avoir vécu quelques autres expériences atroces liées à l'intimidation, j'ai cru que c'en était terminé pour moi. Hélas! le pire m'attendait, et les sévices ont perduré tout au long de mon primaire. Je fus traitée de toute sorte de noms méchants, dont Godzilla qui est était mon nouveau surnom. J'ai aussi été surnommée « grosse vache » et « grosse patate » pour ne nommer que ceux-là.

J'essayais de m'impliquer dans un groupe pour jouer avec d'autres camarades, mais j'étais rejetée. J'étais perçue comme une fille répugnante, un parasite ou encore une bactérie. Sur l'heure du dîner, je me retrouvais à manger seule, et lors des récréations, je me cachais.

L'intimidation ...ça fait mal !

J'avais peur de faire rire de moi et de me faire battre à nouveau.

J'étais lassée de faire rire de moi. Le soir, après l'école, j'arrivais à la maison déprimée. Je passais les soirées seule dans ma chambre à pleurer. Je me souviens encore aujourd'hui que, lorsque j'avais 14 ans, en descendant de l'autobus, je me suis fait frapper un soir par un « supposé ami ». Celui-ci s'était mis à me donner un coup de poing au visage, et il m'a par la suite traitée de noms méchants devant d'autres élèves. Cette soirée-là, cette fois-là je m'étais sentie vraiment seule au monde et impuissante.

Arrivée à l'école secondaire, j'ai cru que je pouvais enfin « souffler ». Hélas, après seulement quelques mois de tranquillité, j'ai à nouveau été ciblée par les moqueries des autres. Les gens ont recommencé à me traiter de plein de noms méchants, comme lorsque j'étais à l'école primaire. J'ai arrêté de subir de l'intimidation qu'une fois à l'âge adulte.

Aujourd'hui encore, je ressens, malgré les années qui ont passé encore de la peine pour toutes ces méchancetés. Je me sens encore seule, je sens encore qu'on me regarde et qu'on me juge. Je suis actuellement célibataire et j'ai de la difficulté à m'approcher des hommes. Je crains encore de me faire intimider. Je suis aux prises avec des symptômes de dépression. Je me suis mutilée quelques fois, mais plus maintenant. Aujourd'hui, j'ai de l'aide professionnelle, je consulte un travailleur social. Cette personne m'aide beaucoup et me comprend.

Comme plusieurs personnes qui ont subi de l'intimidation, j'ai tenté de mettre fin à mes jours. Grâce à l'aide reçue par le travailleur social, j'ai évité le pire. Je suis encore en vie et je tente de m'accepter telle que je suis. Il faut réagir contre l'intimidation. J'ai subi 16 ans de malheur et 16 ans de tristesse. J'aimerais que mon histoire vous fasse réagir, et qu'ainsi nous puissions tous nous le dire : l'intimidation c'est NON !

Conclusion

Godzilla

L'histoire de Sophie a débuté avec l'intimidation physique et ensuite, de l'intimidation verbale. Les répercussions de ces sévices peuvent être énormes sur l'estime de soi lorsque nous sommes un enfant. Surtout parce que le jeune en tant que tel est en train de se construire. « À force de subir les sévices d'un de ses pairs, l'enfant en vient à croire qu'il ne vaut pas grand-chose et ce sentiment affecte sa capacité de socialisation ». À l'âge adulte, des études ont montré que, selon la situation, des personnes qui en ont été victimes dans l'enfance souffrent de détresse permanente, d'un sentiment de culpabilité, de peur, ou encore de trouble d'intériorisation, comme la dépression.

Merci Sophie, d'avoir partagé ton histoire avec nous.

CHAPITRE 5
Marc mon ex

J'ai été victime d'intimidation ainsi que d'humiliation devant un grand nombre d'internautes à cause de la séparation que j'ai vécue d'avec mon ex, Marc. Le début de mon histoire d'horreur a débuté en 2013. Il a décidé de me faire la vie dure, quelques mois après que nous ayons rompu. Il y a forcément quelque chose qu'il n'a pas été en mesure « d'encaisser » lorsque notre histoire s'est terminée. Au début, ce fut des commentaires désobligeants qu'il *postait* sur internet. Ce n'était pas trop grave. Après quelques mois, par contre, les commentaires devenaient de plus en plus dérangeants et dégradants à mon endroit. Sur Facebook, il a fini par écrire des rumeurs, et d'autres histoires dévastatrices à mon sujet.

Il a même *posté* des histoires concernant notre vie sexuelle du temps où nous étions en couple, et des images de scènes que nous avions partagées ensemble. Ce fut désagréable pour moi de prendre conscience de tout cela, étant donné que ces histoires et ces images devaient rester privées. La situation empirait avec le temps, je trouvais tout cela insensé et exagéré. J'ai choisi de me taire et de ne rien dire, sauf qu'en dedans, je me suis sentie trahie. J'avais mal et j'avais le cœur tellement gros que j'avais du mal à gérer toutes ces émotions.

L'intimidation ...ça fait mal !

Un soir, j'ai reçu un message vers 21h30, d'un internaute, un gars. Celui-ci m'a écrit : « Ton ex m'a donné ton numéro et partagé de belles photos de toi nue. Maudit que tu as un fichu beau cul ». Des photos ont par la suite commencé à circuler sur les réseaux sociaux. J'ai reçu un nombre de messages incalculables de messages dégradants en privé sur *Facebook*. Ce furent des messages de gars qui pour la plupart désiraient me rencontrer pour « coucher avec moi ».

Au cours d'une journée, j'ai reçu près de 75 messages de personnes différentes. J'étais vraiment démoralisée. Je ne savais plus quoi faire avec tout cela. J'ai fini par porter plainte. Lors de ma rencontre avec le policier, celui m'a dit que « je n'aurais juste pas dû me déshabiller devant les caméras ». Un peu comme s'il me disait que ce qui arrivait aujourd'hui, bien je l'avais cherché.

De plus, je recevais aussi des messages de filles qui me traitaient de « salope, de grosse pute » et d'autres noms atroces. Tous semblaient prendre l'histoire de mon ex au sérieux. Je me souviens encore aujourd'hui, d'un texte qu'il m'avait écrit : « Crève Julie ! Tu mérites juste de mourir. Tu es juste un crosseur d'homme. Une grosse enfant de pute ». Je relis ces commentaires et je me dis que j'ai reçu (et lu), les pires injures qu'une personne peut recevoir (lire).

Avec tout ce que j'ai lu sur son mur, j'aurais même pu écrire un roman. J'ai pleuré pendant plusieurs jours dans ma chambre. Un jour, je suis descendue à la cuisine et j'ai pris un couteau. Je me suis « ouverte dans le poignet ». Après quelques heures, mes parents sont entrés à la maison et ils m'ont trouvée. Ils ont rapidement composé le 911 et je suis allée à l'hôpital. J'ai rencontré un psychiatre alors que je n'avais qu'une idée en tête : en finir !

Je voulais fuir toute la négativité du monde dans lequel je vivais. Je ne pouvais plus faire face à toute l'humiliation et l'intimidation que je vivais tous les jours.

Cette histoire date de cinq ans maintenant. Mon ex a complètement détruit ma réputation. Je dois travailler tous les jours avec cette réalité. Il est difficile de se reconstruire une réputation après tous les ravages causés par les photos et les remarques blessantes.

Il y a encore des moments où je n'ose pas sortir de chez moi. Tout ce qui touche aux réseaux sociaux aujourd'hui (en particulier *Facebook*), c'est TERMINÉ pour ma part. Je crains trop de me faire humilier à nouveau.

Aujourd'hui, je vous fais part de mon expérience pour remercier les gens qui m'ont soutenue et qui me soutiennent à nouveau.

Conclusion

Marc mon ex

Une autre victime de cyberintimidation ainsi que d'intimidation verbale. Lorsqu'il s'agit d'un ex-conjoint (ou d'une ancienne fréquentation) qui nous intimide, il est évident que nous devenons un être brisé et isolé. Julie s'est sentie honteuse et elle a perdu toute confiance en elle. Elle est constamment en « état d'alerte », même si les événements se sont produits il y a quelques années. Malgré le fait qu'elle ait frappé un mur avec un policier qui ne l'a pas prise au sérieux, aujourd'hui elle

L'intimidation ...ça fait mal !

reconnaît qu'elle avait des droits. Elle a compris surtout qu'elle avait le droit d'être traitée avec courtoisie. Je lui ai suggéré de faire une plainte au Commissaire à la déontologie pour qu'on entende son histoire.

Julie, un jour, tu auras traversé cette période difficile. Tu es forte et je te souhaite de connaître le véritable amour avec un homme qui saura te respecter.

CHAPITRE 6
La petite nouvelle

Voici mon histoire.

Mes malheurs ont commencé lorsque mes parents et moi avons déménagé. J'ai dû, à la suite du déménagement changer de quartier, donc, changer aussi d'école. J'étais en troisième année à cette époque. J'étais la « petite nouvelle » dans un environnement qui était tout nouveau pour l'enfant que j'étais.

Rapidement, j'ai été surnommée dans la nouvelle école la « baleine » et la « petite nouvelle plus grosse que les autres ». Il faut dire que j'étais plus ronde que la moyenne des élèves de cet endroit. Dès le début, je me suis sentie « mise de côté ». Je n'avais pas d'amis et les gens semblaient m'ignorer. À l'heure du dîner, je mangeais seule, dans une salle de classe avec les élèves qu'on disait « en retrait ». Personne ne voulait manger avec moi à la cafétéria, c'est pourquoi je m'isolais là-bas.

Les professeurs disaient que j'étais problématique. Je fus souvent suspendue de l'école parce que j'en avais marre d'être « l'esclave des intimidateurs », et que je me vengeais parce qu'on me manquait de respect. Souvent en classe, je me faisais mettre en dehors du local à cause de mon comportement. Je me retrouvais donc, plus souvent qu'à mon tour dans le corridor, à copier des passages du dictionnaire.

L'intimidation ...ça fait mal !

J'étais intimidée souvent à cause de mon physique. Il m'arrivait aussi de me faire frapper par certains gars de ma classe. Au début du secondaire, j'ai cru que l'intimidation pour moi était devenue chose du passé. Hélas, la situation s'est envenimée. Ce n'est pas normal que personne ne semble faire quoi que ce soit pour contrer l'intimidation ! Heureusement, j'ai eu une amie, qui, un jour, s'est même battue avec d'autres élèves pour me défendre. J'avais beaucoup de mal à endurer tout cela, je n'en pouvais plus.

J'ai pensé au suicide quelquefois, sans toutefois passer à l'acte directement.

Je ne comprends pas encore aujourd'hui pourquoi les professeurs ainsi que la direction ne sont pas intervenus pour que la situation s'améliore. Je ne crois pas que les professeurs aient les outils nécessaires pour contrer l'intimidation. Tout simplement pour nous protéger, un minimum au moins.

Il y a même eu, sur un réseau social, une vidéo de moi qui a été créée. À cause de cette vidéo, des gens ont ri de moi, sans que j'aie fait quoi que ce soit pour recevoir leurs moqueries.

Heureusement, lorsque mon secondaire fut terminé, j'ai déménagé à nouveau dans la grande ville de Montréal. J'ai pu me faire de nouveaux amis, des vraies personnes en qui je peux avoir confiance. J'ai même un copain, et il m'a aidée à surmonter les moments difficiles que j'avais encaissés à cause de l'intimidation dont j'avais été victime. Il m'a aidée à reconquérir l'estime de moi-même que j'avais perdue.

La petite nouvelle

Dernièrement, j'ai perdu mon père. Il est décédé des suites d'un cancer. Ce fut un moment très difficile pour moi. Je lui avais fait une promesse qui était celle que je retournerais aux études dès que je serais en mesure de le faire. Je vais mieux maintenant, mais je serai toujours blessée intérieurement par les sévices vécus dans le passé. Personne ne devrait vivre de l'intimidation à l'école. C'est blessant.

Conclusion
La petite nouvelle

Une fois de plus, nous nous retrouvons avec de l'intimidation verbale, de l'intimidation physique, de l'intimidation sociale ainsi que de la cyberintimidation. Tout comme dans les histoires précédentes, nous constatons que les conséquences sont grandes en ce qui concerne l'estime de nous-mêmes. Je comprends bien son histoire, car je sens qu'elle a vécu quelque chose de similaire à mon cas : elle ne pouvait plus se regarder dans un miroir. Elle se trouvait laide. Une autre conséquence est qu'elle a eu peur par la suite d'approcher une personne de sexe opposé par peur de se faire juger. Souvent, c'est parce que nous avons peur du rejet. Nous craignons également de ne pas être assez beaux ou assez belles pour nous faire apprécier de nos pairs.

J'espère que l'atelier du miroir que je t'ai proposé te sera utile pour avancer dans la vie avec confiance.

CHAPITRE 7
Sandrine la grosse B.S.

Voici mon histoire.

Je ne vous la partage pas pour qu'elle suscite de la pitié. Non, je vous la décris pour mieux dénoncer l'intimidation. J'ai été une victime d'intimidation psychologique ainsi que d'intimidation physique. J'ai eu droit à beaucoup de préjugés à cause du milieu où j'ai grandi. Tout a commencé dès le début de mon parcours scolaire. J'avais donc cinq ans.

Je venais d'une famille plutôt pauvre, je n'avais pas de « beaux vêtements » comme les jeunes de mon âge, et je portais les cheveux courts. De plus, je n'étais pas tellement jolie et j'étais grassette. Toutes ces caractéristiques réunies ont fait que j'ai été intimidée. Ce que les gens ignoraient par contre, c'est que ma mère et moi, nous habitions dans un centre d'hébergement pour femmes en difficulté (ou battues). Mon père nous avait fait subir quelques sévices dans le passé, et ce de façon régulière.

À l'école cette année-là un garçon m'avait frappée et m'avait poussée brutalement. C'était quelque chose que je subissais souvent pendant l'année scolaire. Ce gars m'insultait de façon quasi quotidienne. Certains élèves dans l'école avaient même composé une chanson qui parlait de moi avec des paroles blessantes.

L'intimidation ...ça fait mal !

Lorsque j'étais en quatrième année, deux filles m'ont poussée dans les portes d'un escalier. J'ai déboulé les marches tout en me cassant les bras lors de la chute.

Lorsque j'étais en sixième année, des gars se sont amusés à tirer sur mes vêtements et à déchirer mes morceaux. Je me suis retrouvée dans le corridor, presque nue. Ces gars me criaient des atrocités telles que : « Sandrine la grosse B.S. » (B.S. pour bien-être social).

Des élèves de l'école m'avaient adressé des menaces de mort. Si j'osais parler de ma situation à un adulte, on allait me tuer. J'étais donc terrorisée et je ne voulais pas parler à mes professeurs ni à la direction des abus physiques dont j'étais victime. Je vivais avec cette peur enfouie en moi.

L'année 2010 fut difficile pour moi. Ma mère est décédée à la suite d'une crise de cœur. Lors de ses funérailles, certains intimidateurs m'ont offert leurs condoléances. Ils étaient venus (en hypocrite ?) m'offrir leur support et me soutenir dans cette épreuve. À la suite de cet événement, j'ai eu droit à une petite période de paix et de tranquillité. Pas longtemps.

J'ai rencontré deux filles de mon école sur la rue lors de l'été suivant. Ces filles m'ont intimidée et se sont moquées de moi. Plus tard, au parc, ses deux filles sont revenues vers moi et elles ont continué leurs manigances. Une des filles m'a lancé une poignée de change et m'a dit : « va donc t'acheter une vie ! » Elles se moquaient gratuitement de mon style extravagant.

Environ cinq mois après ces événements, ce fut au tour de mon beau-père de décéder. Je me sentais si seule dans ce monde. Je fus placée dans un centre d'accueil.

Sandrine la grosse B.S.

J'ai mis un peu de changement dans ma vie : je me suis fait percer le nez et je me suis fait teindre les cheveux en rouge.

En un an seulement, j'ai changé d'école trois fois. J'ai changé de centre d'accueil quatre fois, et dans chaque nouvelle école, je fus victime d'intimidation. Je me sentais comme si j'étais suivie par ce fléau et que je ne pouvais pas m'en débarrasser.

Aujourd'hui, je consulte plusieurs professionnels pour m'aider à aller mieux. Je travaille sur moi et j'ai décidé de m'accepter telle que je suis. Oui je suis sans doute différente. Extravagante. Je suis bisexuelle. Je vis bien avec la personne que je suis devenue et je défends mon style de vie. Je suis actuellement de retour à l'école pour terminer mon secondaire. La motivation n'est pas toujours présente.

J'ai choisi de partager mon histoire avec vous pour vous montrer que vous n'êtes pas seul. Nous devons dire haut et fort : NON à l'intimidation ! NON à l'homophobie et à toutes les autres formes d'injustice.

Ne perdez pas courage en vous, il y a toujours de l'espoir au bout du tunnel.

Conclusion
Sandrine la grosse B.S.

Lorsque j'ai écouté l'histoire de Sandrine, je me suis dit à certains moments qu'elle aurait pu décider d'en finir avec tout ce qu'elle vivait. Cette petite fille vivait déjà une situation d'intimidation en milieu familial, avec un père violent. Dans son milieu scolaire, elle a vécu de

L'intimidation ...ça fait mal !

l'intimidation verbale ainsi que de l'intimidation physique. Elle a heureusement été prise en charge par des professionnels qui lui ont donné des outils pour mieux naviguer dans sa vie malgré les épreuves. Heureusement, Sandrine a choisi la vie, c'est une grande résiliente.

CHAPITRE 8
Luc et Julie les Facebookiens

Mon histoire a commencé il y a environ un an. J'étais célibataire, et mon passe-temps préféré était de jouer sur *Facebook.* Un jour, j'ai reçu un message qui venait d'un garçon qui habitait près de chez moi. Il s'appelle Luc. Avant lui, je n'avais pas l'habitude de rencontrer en personne des amis virtuels que je me faisais en jouant sur *Facebook.*

Pour tout dire, je suis assez réservée de nature. Je n'aime pas faire les premiers pas pour aller vers les autres. J'ai regardé son profil et je me disais qu'il semblait gentil et aimable. J'ai donc approuvé le fait qu'il « fasse partie de mes amis » sur ce réseau social. Nous avons commencé à s'écrire de simples messages via *Facebook,* avant de converser via *Skype.* Finalement, nous avons échangé pendant de longues heures au téléphone.

Nous nous sommes rencontrés pour la première fois quelques jours plus tard. Rapidement sans trop le connaître, j'ai eu le coup de foudre pour lui. Nous nous sommes fréquentés pendant un peu plus de huit mois. Ce fut mon premier « vrai amour. » J'avais une confiance aveugle en lui. Régulièrement, je lui envoyais des photos de moi un peu osées. Parfois, j'étais en sous-vêtements,

L'intimidation ...ça fait mal !

et d'autres fois, j'étais même toute nue. C'était des photos provocantes, je dois l'admettre.

Le temps a passé, et ma relation avec lui a fini par se faner. J'étais malheureuse, et un soir j'ai fait de l'automutilation. Ce qui allait suivre allait m'achever davantage. Luc a commencé à fréquenter une autre fille, Julie. Il me trompait déjà alors que nous étions encore ensemble avec elle. Leur relation fut de courte durée malgré tout.

De mon côté, je l'aimais encore tout en sachant que Julie était jalouse de l'amour que je lui portais encore. Deux mois après que nous nous sommes séparés, Luc et Julie ont mis en page une page sur *Facebook*. J'ai reçu le lien pour m'inviter à aller y jeter un coup d'œil. Or, sur cette page, il se trouvait des écrits contre moi ainsi que des photos osées que j'avais envoyées à Luc, dans le temps que nous nous fréquentions. Il s'y trouvait plusieurs de nos discussions amoureuses, et beaucoup de contenus « privés ».

Malheureusement, presque tous mes amis ont vu et visité la page en question. Certaines personnes ont commenté mes photos, j'ai reçu des dizaines de messages à ce sujet. Ma meilleure amie m'a écrit un mot qui m'a beaucoup peinée : « Tu me deçois tellement. Sale putc. Je ne te croyais pas comme ça. Tu n'as pas honte ? » Ça me faisait mal à l'intérieur de la lire ainsi. Je ne savais quoi répondre.

À la suite de cet événement, j'ai été malade. Je ne voulais même plus aller au travail. J'avais peur de me faire juger. Je me sentais sale. Des collègues de travail ont même été dire à la responsable de la cantine que j'étais « une salope qui montrait ses seins. » Les gens me critiquaient pour tout et pour rien. Je ne pouvais plus faire confiance aux gens.

Je m'enfermais souvent dans les toilettes pour pleurer seule. Je me sentais déprimée, et achevée. Je voulais juste en finir avec tout ça. Puis un jour, le pire qui pouvait m'arriver arriva : les photos de moi se sont rendus jusqu'à ma mère. Ce fut terrible.

Les rumeurs ont continué à circuler à mon endroit.

Deux ans après ces événements, j'ai pris la décision de changer de ville. J'ai changé de « look ». J'ai fait teindre mes cheveux. Je suis parvenue à me faire de nouveaux amis. Les photos ont finalement été supprimées d'internet, mais tout le processus a été long. J'ai dû porter plainte et aller en poursuite judiciaire pour faire bouger les choses. Malgré cela, toute cette période terrible revient parfois me hanter, surtout les conséquences que j'ai vécues à la suite de cette histoire.

La page Facebook a heureusement été fermée.

J'ai décidé de vous partager mon histoire pour vous faire prendre conscience de la conséquence de vos gestes. Lancer des rumeurs, écrire des mots méchants : tout cela est blessant et peut même aller jusqu'à détruire la vie d'une personne. Devrais-je être considérée comme une « pute » pour avoir naïvement envoyé des photos osées à mon copain de l'époque ? Réfléchissez à tout cela et vous réaliserez que personne ne mérite de vivre cette humiliation-là. L'intimidation et l'humiliation envers les autres ne devraient pas exister. Après avoir commis une erreur, toute personne devrait droit à une deuxième chance.

L'intimidation ...ça fait mal !

Conclusion

Luc et Julie les Facebookiens

Cette histoire nous montre bien ce qu'est la cyberintimidation. En 2017, nous voyons comment les réseaux peuvent être puissants pour détruire la réputation d'une personne. Les outils pour se protéger contre ce fléau à combattre sont actuellement en cours de développement. J'ai entendu et vu dans les médias trop d'histoires de ce genre qui parfois peuvent mener une personne à s'enlever la vie. Il est difficile de faire disparaître des photos une fois qu'elles sont affichées sur internet, et les réseaux sociaux. En rédigeant cette conclusion, je viens même d'être témoin d'une autre histoire sordide. Des gens partagent des contenus pour ridiculiser une personne et parfois même sans se rendre compte qu'elles participent ainsi à nourrir le phénomène de cyberintimidation.

Avant de partager un contenu qui vous chicote un peu, demandez-vous comment pourrait se sentir cette personne à la vue de sa photo dans cette position. Le plus important est de vous demander comment se sentirait la personne qui va en subir les conséquences, elle qui n'a pas demandé à faire rire d'elle de la sorte.

Si quelqu'un vous faisait cela à votre insu, comment est-ce que vous réagiriez ?

Merci de votre réflexion.

CHAPITRE 9
Encore plus de coupures

Je ne me suis jamais vraiment aimée. Je ne me suis jamais sentie « aimée ».

Dès l'âge de la petite enfance, j'ai commencé à me sentir « laide », « moche », et « conne ». Un peu comme une exclue de la société, comme si la vie n'a jamais voulu que je vienne au monde.

Je me suis mutilée à plusieurs reprises. J'ai utilisé des couteaux bien évidemment, mais aussi une hache. Sur mon corps, j'avais des marques de brûlure. Parfois, les gens se questionnaient à savoir si je ne me faisais pas « battre » par mes parents. Il y avait des rumeurs qui circulaient à mon sujet. Autant dans mon milieu scolaire que dans mon environnement de travail. Dans le voisinage où je vivais, c'était la même histoire.

Je m'arrangeais pour dissimuler les traces de mutilation : j'usais de bandeaux, de bracelets, puis je portais toujours des manches longues.

Plus jeune, j'avais de grands rêves, tel que celui de devenir actrice. J'avais des objectifs et j'avais une certaine confiance en l'avenir. À un moment, tout s'est éteint en moi. Je ne voyais plus l'avenir avec optimisme. Je voyais en moi un trou noir qui prenait la place de la petite joyeuse que j'étais.

L'intimidation ...ça fait mal !

Les ravages que je vivais m'ont rendue à bout, de sorte que j'ai tenté de m'enlever la vie à plusieurs reprises. J'ai fait mes adieux à ma famille de nombreuses fois. Un jour, mes parents en ont eu assez de me voir en détresse, et ils ont fait appel à la police. Je me suis ramassée à l'hôpital pour qu'on me vienne en aide.

À l'hôpital, je me suis fait dire : ne t'inquiète pas, le jour où tu seras sortie du milieu scolaire, les choses vont se replacer. Cela me fait rire quand j'y repense parce que je suis encore victime d'intimidation dans mon quartier. Je vis encore ce phénomène en milieu de travail également.

Je suis aux prises avec des symptômes dépressifs depuis une dizaine d'années... J'ai dû attenter quelques fois à ma vie avant de rencontrer des professionnels qui me soutiennent. Des gens qui me soutiennent et qui travaillent avec moi pour m'aider à aller mieux.

Une fois, j'étais au CLSC et j'ai entendu deux infirmières discuter de mon cas dans le couloir. Elles semblaient rire de ma situation, et me trouver un peu « bébé ». Elles croyaient que je cherchais à attirer l'attention. Par la suite, ces deux mêmes femmes sont venues me voir dans la salle où j'étais pour tenter de me consoler. Elles disaient vouloir « m'aider ».

Lorsque je parle à mes proches de ce que j'ai vécu, ou de ce que je vis encore, je ne cesse de voir la détresse dans leurs yeux.

Je crains de ne plus redevenir comme avant, comme celle que j'étais avant de me faire intimider. Il serait important de garder à l'esprit que vos mots, vos blagues, vos regards, et vos gestes ne font pas que blesser. Les conséquences peuvent être tragiques, et détruire complètement la personne.

Je semble peut-être heureuse lorsqu'on me regarde. Je porte souvent un masque pour dissimuler toute cette tristesse. Je pleure tous les soirs avant de m'endormir. Je rêve continuellement à la mort, ainsi qu'à des façons d'en finir. Je me sens morte à l'intérieur. C'est comme s'il me restait juste l'impression d'être un esprit « vide ». Je me sens comme une coquille, recroquevillée. Réfléchissez aux gestes que vous posez et aux paroles que vous dites aux gens autour de vous.

Ce n'est pas donné à tout le monde de se relever facilement des épreuves. L'intimidation, ça ne mène nulle part. Ça fait juste détruire. Ne fais pas juste dire tout haut et tout fort que ça doit arrêter. Il faut aussi dire aux intimidateurs qu'il faut que ça cesse.

J'aimerais dire aux gens qui ont été victimes d'intimidation que la vie vous a envoyé cette épreuve pour que vous vous en releviez plus fort. Ne laissez pas GAGNER les intimidateurs. Tu es important et tu mérites de te relever de tout ça. Ayez confiance, vous êtes forts. Allez de l'avant, toujours.

Alors, à toi maintenant de faire quelque chose. Oui, c'est bien à toi que je m'adresse.

Conclusion
Encore plus de coupures

De cette histoire se dégage toute une charge émotive. J'ai des frissons lorsque je la relis. J'entends déjà des remarques du genre : c'est impossible d'en arriver là !

L'intimidation ...ça fait mal !

Hélas, oui, c'est une histoire comme bien d'autres avec ses dommages, et ses conséquences que nous voudrions ne plus jamais entendre parler. L'estime de soi qui devient défaillante, et souvent inexistante, c'est une grande conséquence de l'intimidation. Je me rappelle que lorsque j'étais plus jeune, je me suis souvent fait dire que « je n'étais pas beau ». À force de me le faire dire, j'ai fini par croire que c'était un fait, une vérité. Lorsque je me regardais dans un miroir, je me voyais ainsi et j'ai fini par perdre l'estime envers moi qui me restait. Je n'ai pas eu de pensées suicidaires, heureusement.

Aujourd'hui, cette femme est heureusement encore en vie. Elle doit travailler très fort sur elle-même pour regagner cette confiance en elle-même. Subir de l'intimidation de forme verbale, tout comme de la cyberintimidation, ça laisse des traces. Lorsque nous entendons des mots à répétition, notre cerveau les enregistre et nous finissons par croire que ce sont des faits, des vérités.

CHAPITRE 10
Hommage à Cassidy Joy

Ce chapitre est un hommage que je veux faire à une jeune fille qui n'est plus parmi nous.

Je veux vous partager une histoire qui m'a bouleversé, et ce pour une longue période. Depuis que j'ai commencé la rédaction de ce livre, j'ai eu l'occasion de rencontrer plusieurs personnes qui m'ont fait part de leur témoignage concernant l'intimidation. Chaque histoire est différente, mais elles ont toutes le même thème central : les ravages de l'intimidation.

Nous étions le 8 septembre 2016, lorsque sur YouTube, j'ai regardé par hasard une vidéo réalisée par une adolescente du nom de Cassidy Joy. Cette dernière lançait un message de détresse. La vidéo venait tout juste d'être mise en ligne. J'ai noté quelques renseignements pour poursuivre ma recherche pour ce livre, et j'ai poursuivi mes occupations.

Le lendemain, en lisant un journal, j'ai appris que Cassidy s'était enlevé la vie. J'ai appris également que sa famille habitait dans la ville d'où je viens, c'est-à-dire, Hawkesbury, dans la province d'Ontario. J'ai eu un sentiment de culpabilité à cause que je n'avais pas signalé cette vidéo après l'avoir regardée. Vous le savez comme moi, sur YouTube, des vidéos, il y en a beaucoup trop qui peuvent contenir des messages de détresse comme

L'intimidation ...ça fait mal !

celui de cette adolescente. Le fait d'apprendre qu'elle venait de ma ville natale m'a aussi touché.

J'ai voulu en apprendre plus sur l'histoire de cette jeune fille. J'ai découvert qu'elle venait d'une famille qui m'était familière : je connaissais ses parents ! Alors vous imaginez ma réaction. J'étais sous le choc.

J'ai eu en mémoire des souvenirs concernant l'intimidation que j'avais subie moi-même dans le passé. Je me suis dit que 40 ans plus tard, les choses n'avaient pas évolué. Les mêmes problèmes existent encore et le manque de ressources en milieu scolaire l'est tout autant.

Cassidy âgée de seulement 16 ans vivait de l'intimidation depuis environ six ans. Dans la vidéo, elle disait ne pas comprendre pourquoi autant de gens se moquaient d'elle et l'intimidaient de la sorte. Elle qui était déjà à son âge, la mère d'un petit bébé, se faisait traiter de « pute » et d'autres noms aussi immoraux. Évidemment, les gens cherchaient à la blesser et à lui faire du mal gratuitement. Il existait même une rumeur qui disait qu'elle était atteinte d'une maladie telle que le sida. Cette fausseté a fait en sorte qu'elle fut rejetée par bien des pairs de son age.

Elle a changé d'école, mais une fois à Casselman, elle a continué d'être victime de racontars. Elle a continué à se faire intimider par des anciens élèves de son ancien établissement sur les réseaux sociaux. Elle a reçu des insultes et des messages haineux.

Dans sa funeste vidéo, elle disait :

« Je veux juste abandonner. Je suis à un point dans ma vie où je veux abandonner et j'ai seulement 16 ans.

Hommage à Cassidy Joy

Je n'ai même pas la moitié de ma vie de fait et je veux déjà abandonner. »

Elle a fini par s'enlever la vie, sans doute parce qu'elle ne pouvait pas continuer de supporter tout ce qui la poursuivait de son ancienne vie.

Vous voyez maintenant à quel point des moqueries envers une personne peuvent nuire. Nous sommes censés être au cœur d'une évolution, mais nous constatons qu'il existe encore énormément de jugement dans la société. C'est décevant de constater que nous semblons fermer les yeux sur certains actes d'intimidation.

Les détracteurs n'ont même plus besoin de faire face à leurs victimes. Ils peuvent maintenant les atteindre facilement par les réseaux sociaux. C'est facile, et le nombre de victimes peut facilement augmenter.

L'intimidation est quelque chose qui prend beaucoup de place dans notre société. Cassidy est partie aujourd'hui, mais n'oublions pas comment elle s'est sentie. Elle a laissé dans le deuil sa petite, et ses parents qui l'aimaient.

Cassidy ne méritait pas cette fin. Je souhaite que ce chapitre résonne fort en vous. Je voudrais que ce livre rende un hommage aux gens qui comme Cassidy, ne sont plus parmi nous aujourd'hui. Il est temps que ce cycle d'intimidation prenne fin. Ces histoires-là, avec des fins aussi atroces, nous n'en voulons plus.

Conclusion

Hommage à Cassidy Joy

Nous venons de voir, une fois de plus, comment la cyberintimidation et l'intimidation verbale peuvent causer des blessures dans le cœur d'une personne. Parfois, les gens touchés finissent par s'enlever la vie. En 2013, selon Statistique Canada il y a eu 4054 suicides. De ce nombre, 754 ont été perpétrés par des gens âgés de moins de 25 ans. S'il vous arrivait d'être témoin d'un acte d'intimidation, il ne faudrait pas avoir peur de le dénoncer. Prenez soin de vérifier les faits, et faites-vous accompagner par des personnes-ressources pour la suite des choses.

Il est maintenant possible par l'entremise de *Facebook* de signaler anonymement une personne lorsque celle-ci est victime d'actes répréhensibles. Usez de votre bon jugement et s'il y a lieu, utilisez cette fonction !

Merci de faire une différence.

CHAPITRE 11
L'intimidation n'est pas une blague

L'intimidation n'est pas une blague. Ne fais pas aux autres ce que tu ne veux pas que l'on te fasse. L'histoire que vous allez lire n'est pas de la fiction. C'est une histoire vraie. C'est l'histoire de Clémence, une adolescente de 16 ans. Elle a été victime d'une injustice. Lors d'une conférence à Shawinigan, elle m'a raconté ce qui lui était arrivé. J'ai conservé son témoignage pour vous le partager, car il est porteur d'un message.

Le tout a débuté alors qu'elle a fait son entrée à l'école secondaire des Chutes de Shawinigan.

J'aimais l'école, et j'étais heureuse d'y aller. Cela a pris quelques minutes afin que tout chamboule dans mon univers…

Les gens semblaient me détester et de plus, ils me le faisaient savoir. On m'appelait par des noms tels que « putain », « salope », « garce », « laide », et « un grand rejeton dégonflé. » Évidemment je ne vous les énumérerai pas tous…

Le matin, lorsque j'arrivais à l'école, je devais aller me cacher en dessous des escaliers pour ne pas subir leurs jugements. Je me cachais pour ne pas me faire intimider. J'ai séché de nombreux cours pour ne pas faire rire de moi. Je préférais aller me fondre dans l'herbe haute pour ne pas me faire voir par la direction et le personnel de

L'intimidation ...ça fait mal !

l'école. Le pire moment de ma journée pour moi, c'était de trouver le courage pour aller à l'école.

Je me suis mutilée. Je me disais plus que jamais je ne le referais, mais je l'ai fait. Quatre nuits plus tard, les marques ont commencé à disparaître, mais ça me brûlait encore. Les conséquences de l'intimidation, je les ressens encore à l'intérieur de moi. Pensez-vous que je réussis à être heureuse maintenant ?

Conclusion
L'intimidation n'est pas une blague

Encore aujourd'hui, Clémence souffre des conséquences reliées à l'intimidation. Elle a perdu avec le temps, son estime d'elle-même et a du mal à faire confiance aux gens autour. Il importe de réfléchir avant de dire quelque chose contre quelqu'un. L'exemple de cette adolescente est comme bien d'autres flagrant pour nous faire ressentir et comprendre la souffrance d'une victime.

Le 7 mai 2015, j'ai appris avec tristesse que cette jeune fille s'était enlevé la vie. L'intimidation est une des causes principales des suicides. Le suicide est la troisième cause de décès chez les adolescents. Il est dit que 5000 adolescents mettent fin à leurs jours chaque année.

Les mots que l'on peut prononcer contre quelqu'un peuvent être très durs. Parfois, ils peuvent mener une personne à malheureusement en finir. L'histoire de Clémence est une autre histoire de trop qui se termine de façon bien triste. Son histoire est touchante, et elle

L'intimidation n'est pas une blague

résonne en moi, car vous le savez, j'ai également été victime d'intimidation. J'aurais pu en arriver aussi à commettre ce geste, mais heureusement je ne l'ai pas fait. Je me considère chanceux d'être encore parmi vous. Nous disons souvent aux victimes de ne pas s'occuper des intimidateurs, que ceux-ci cessent leurs jeux à un moment ou à un autre. Toutefois, les histoires ne finissent pas toutes bien.

Une fois de plus, cette histoire nous a montré que l'intimidation peut entraîner les gens à prendre une décision qui peut s'avérer fatale pour leur vie. Une chose que j'ai comprise en faisant état de son histoire fut de réaliser comment les gens ont peur des choses et des gens qu'ils ne connaissent pas. Nous réalisons comment la « nouveauté » peut être crainte pour les noyaux (petites gangs) qui se connaissent souvent depuis des années. Parfois, c'est seulement que les gens ont peur de perdre leur place, et ils se sentent menacés par une nouvelle personne dans leur milieu. C'est triste de constater que certaines personnes ne prennent pas soin de connaître les gens avant de croire les rumeurs propagées à leur sujet. L'outil essentiel pour que ces histoires terribles cessent, c'est de partager l'amour et la tolérance autour de vous. Si nous arrivions à éliminer la haine et le jugement peu à peu, et à faire place à l'amour, nous pourrions sans doute vivre dans un monde meilleur où ces actes ne seraient plus d'actualité.

CHAPITRE 12
Tu ne me connais pas

Tu ne me connais pas, tu n'as aucune idée de qui je suis. Pourtant, cela n'a aucune importance. Je m'appelle Tina, et j'ai commencé à souffrir d'intimidation à l'âge de 14 ans. J'étais, à l'époque en 4e année du secondaire lorsque des filles de ma classe m'intimidaient parce que j'étais différente.

J'ai la peau foncée, et comme la plupart des filles de mon âge, je commençais à ce moment-là à me développer. Des poils ont commencé à pousser sur mes bras ainsi que sur ma lèvre supérieure (où se situe la moustache chez un homme).

J'ai eu droit à des surnoms tels que « Tina moustache » et « Chewbacca » (un personnage de Star Wars). Je n'aimais plus aller à l'école, et j'ai commencé à me trouver des excuses pour ne plus y aller. Mes notes à l'école ont chuté.

Je pleurais souvent dans mon lit le soir. Lorsque je me regardais dans le miroir, je me trouvais laide et grosse. J'avais parlé à mes parents de la situation, mais ceux-ci ne voulurent pas s'en mêler. J'ai alors tout fait ce qu'il était possible pour garder le contrôle et rester forte. Ce fut un moment pénible que cette période.

À vivre constamment sous le regard des gens et de leurs jugements, j'ai fini par me refermer sur moi-même.

L'intimidation ...ça fait mal !

Mon comportement a changé, je n'étais plus la même. En effet, je suis passée de la « fille gentille » à la « fille sauvage physiquement ». J'étais même devenue verbalement aussi agressive que ceux qui riaient de moi.

Un jour à l'école, je me souviens m'être fait battre à coup de poing. Des gens m'ont cassé l'os du pied en me traitant de « salope », de « pute » et « d'ordure dégoûtante ». J'ai même eu droit à des menaces de la part d'un des membres du personnel de l'école.

À l'âge de 16 ans, j'ai vécu ma première histoire d'amour. (Enfin je dois vous le dire : je croyais que c'était de l'amour !) Par contre, ce ne fut pas une histoire saine : il était jaloux et possessif avec moi. Il semblait me surveiller constamment. Je ne pouvais même plus parler aux autres gars autour, et il me défendait même de parler à mon professeur d'éducation physique ! Après quelque temps, j'ai mis un terme à cette relation que je qualifiais de cauchemardesque. Il m'a menacée, et il m'a traitée de plein de noms méchants. Il a malheureusement été jusqu'à intimider mon entourage pour que je ne me fasse pas d'autres copains (et surtout pas un copain !).

Il a continué à me surveiller pendant un peu plus de trois ans après la fin de notre histoire. À l'âge de 18 ans, j'ai pris la décision de dénoncer mes intimidateurs. J'ai sans le vouloir ravivé des blessures, et créé un monstre aux yeux de plusieurs. Une « nouvelle guerre » avait lieu malgré moi. Dans un parc, à l'abri de témoin, je fus « garrochée » par terre dans la crotte de chien. C'était atroce ce qu'on a essayé de me faire faire (je vous laisse imaginer). Un an s'est écoulé avant que je puisse m'en remettre complètement, parce que je m'en étais sortie avec une bonne commotion cérébrale.

Aujourd'hui j'ai 25 ans, et j'ai de sérieux problèmes psychologiques. Ma santé est aussi fragile et vacillante. Je souffre d'agoraphobie (peur d'avoir peur). Toutes ces conséquences sont liées à mon passé. Nous ne nous connaissons pas, mais qu'importe ! L'intimidation fait tant de mal.

Conclusion

Tu ne me connais pas

Tina a vécu beaucoup d'intimidation verbale ainsi que de l'intimidation physique. Comme dans mon cas, elle a aussi cru à ce qu'on disait sur elle. Elle croyait ce que les intimidateurs disaient, et tout cela lui a fait perdre l'estime d'elle-même. Aujourd'hui, Tina consulte encore des professionnels pour l'aider à vivre sereine, et plus heureuse. Elle a de la difficulté à s'investir dans une relation amoureuse parce qu'elle craint d'attirer un homme violent. De plus, elle se trouve pas assez « bien », voire assez parfaite pour mériter d'être aimée. L'intimidation l'a tuée intérieurement, et elle a du mal à reconnaître ses qualités. Tina a du mal à laisser s'exprimer son unicité, sa beauté intérieure. Pourquoi faire tant de ravage dans la vie d'une autre personne ?

CHAPITRE 13
L'histoire de Sophie, sa libération

L'intimidation peut aussi rendre les personnes malades. Je vais vous partager l'histoire de Sophie qui est émotionnellement chargée. Elle vous donnera des frissons.

Tout a commencé alors qu'elle avait 17 ans. Si elle partage son histoire avec vous aujourd'hui, c'est pour se libérer de son passé. Elle vivait une vie paisible, elle avait plein d'amis et même un amoureux. Elle avait de bonnes notes à l'école.

Un jour, ma vie a basculé. Mon amoureux m'a larguée et mes amis ont commencé à se distancer de moi. Quelque chose se passait en moi, et peu après, j'ai réalisé que j'avais une attirance pour les femmes. Je m'étais confiée à une amie, et cette dernière a décidé par la suite de le dire à tout le monde autour de nous. Ce fut à partir de ce moment, le début de ma chute en enfer. Je ne voulais pas que les gens sachent mon secret, car je n'étais pas encore prête à faire « ma sortie ». Je vis dans une petite ville alors vous pouvez imaginer comment la nouvelle a circulé…

J'ai subi des moqueries des gens en ce qui concernait mon homosexualité. Des gens me surnommaient la « mangeuse de chattes ». Ou encore, on m'appelait le « Tom boy scolaire », ou la « vache à gazon ». Bref,

L'intimidation ...ça fait mal !

j'avais droit à des insultes impitoyables de la part de gens autour de moi.

Je me posais beaucoup de questions et j'ai même fini par croire que je n'étais pas « normale ». Qu'être « lesbienne » était une sorte de maladie mentale. Deux ans après, au collège, je suis tombée amoureuse d'une fille, et heureusement, ce fut réciproque. Du moins, c'est ce que je croyais au début. Par la suite, celle-ci a plutôt joué avec mes sentiments, et m'a manipulée pour arriver à ses fins. De plus, elle me trompait avec d'autres filles, et même des gars.

Je voulais bien faire, alors je lui pardonnais en me disant que je le faisais « par amour. » J'ai fini par souffrir énormément de toute cette histoire. J'ai fait une dépression, et par la suite, j'ai développé une psychose. À force de m'imaginer un autre monde, j'ai fini par avoir des symptômes liés la schizophrénie. J'avais des hallucinations, mais pour moi tout ce monde était bien réel. Je me suis enfoncée dans mon monde et j'ai perdu mes repères peu à peu.

Autour de moi, on disait à nouveau que j'étais une folle, voire une « disciple de Satan ». Du jour au lendemain, je voyais seulement le mal autour de moi. Je souffrais énormément parce que je ne me sentais pas aimée. Mes parents ont également cru que j'étais une menteuse qui cherchait un peu d'attention de leur part. Ils croyaient que je m'inventais des excuses et que je n'étais pas « vraiment malade. » Mes parents se sont opposés à ce que je consulte un psychologue.

J'ai commencé à me mutiler, c'était pour moi une façon de me faire comprendre que je vivais une grande

L'histoire de Sophie, sa libération

détresse. J'avais besoin d'aide. Une journée, j'ai pris des ciseaux, et sans trop réfléchir, je me suis coupée sur la cuisse. Je me coupais encore, et encore, tout en regardant les dégâts. Plus je regardais le sang qui coulait, plus je commençais à aimer ce « feeling ».

Je me sentais enfermée dans mes problèmes, et je ne voyais pas de porte de sortie. J'ai voulu mettre fin à mes jours. Je me suis rendue sur le pont Jacques-Cartier en me disant que tout serait bientôt terminé, que j'en aurais fini dans quelques minutes… J'étais prête à sauter lorsqu'une femme qui passait par hasard m'a vue, et s'est jetée sur moi afin que je ne saute pas du haut du pont.

J'ai par la suite été internée dans un hôpital pour plus d'un an. Par contre, à la suite de tout cela, j'ai eu un bon soutien pour remonter la pente. J'ai décidé de croire que l'amour est plus fort que tout le reste. J'ai surtout pris la décision de m'accepter telle que je suis. Actuellement, tout ce que j'ai vécu relié à l'intimidation, c'est comme si tous ces souvenirs sombres ont disparu de ma mémoire, de ma vie.

Dans la vie, il est important de se battre même si la situation vous paraît insupportable et désespérée. Il y a toujours une solution. Ne laissez pas les autres décider du déroulement de votre vie à votre place. Si un jour, vous n'allez pas bien et si vous vous sentez en détresse psychologique, il faut en parler.

Parler à quelqu'un : début de la guérison.

Conclusion

L'histoire de Sophie, sa libération

Le fait de se sentir différent des autres peut nous amener à subir de l'intimidation verbale, de l'intimidation physique, et même de la cyberintimidation. Encore aujourd'hui, beaucoup de préjugés et de jugements perdurent à propos de la différence. Il y a plusieurs raisons pour lesquelles l'intimidation reste une réalité. J'ai réalisé que parfois, une personne qui avait des préjugés envers une autre personne vivait elle-même avec cette différence, mais qu'elle préférait la cacher, l'enfouir en elle afin de ne pas se faire remarquer par les gens autour. Par exemple, j'ai déjà été témoin d'une personne qui intimidait un homme homosexuel, pour quelques années plus tard, avouer qu'il l'était lui aussi.

CHAPITRE 14
Pas un mot!

Je veux vous partager mon histoire. Pendant plusieurs années, il m'a été recommandé de me taire. Aujourd'hui, grâce à ma rencontre avec Ghislain, je choisis de vous la partager.

Pour commencer, mes parents étaient des gens qui travaillaient beaucoup, autrement dit des « workaholics ». Ils étaient rarement à la maison. Un jour, on m'a diagnostiqué un syndrome Gilles de la Tourette. (Le syndrome de Gilles de La Tourette ou SGT est un trouble qui doit son nom au neurologue français qui a été le premier à le décrire.) Il se caractérise par des tics moteurs (de brefs mouvements irréguliers et stéréotypés et des tics vocaux).

Mon père avait des problèmes de boisson. Cela durait depuis plusieurs années déjà. J'ai un souvenir relié à la petite enfance où mon père qui était en état d'ébriété m'a pris pendant le souper pour m'enfermer dehors. Comme ça. Sans raison aucune. J'avais six ans à cette époque, je me rappelle de regarder par la fenêtre et de voir mes parents qui étaient en train de souper. Ceux-ci riaient de moi, alors que moi, j'étais à l'extérieur en train de geler. Je n'avais pas de manteau ni de bottes.

Je me suis mise à pleurer, et au même moment, un couple passait sur le trottoir. Ceux-ci ont détourné le regard, et ont poursuivi leur route. Après une demi-heure à geler dehors, mon père m'avait finalement ouvert la porte et m'avait fait entrer pour terminer le souper. Je n'ai jamais compris pourquoi il m'avait fait cela ce soir-là.

J'ai vécu les premières années de ma vie dans un climat de violence familiale. Mon père me frappait régulièrement. J'avais des marques sur mon corps. Des bleus. Ma mère savait ce qui se passait, elle voyait les gestes posés par mon père, mais elle ne disait rien. Elle souriait, mais je crois qu'elle restait ainsi sans réagir par peur de se faire réprimander par mon père.

J'ai cru qu'une fois en âge de fréquenter l'école, l'école serait ma « porte de sortie » de ce climat de violence et d'intimidation que je vivais chez moi. J'ai grandi, et mon corps a commencé à changer lui aussi. Rapidement à l'école, j'ai commencé à subir de l'intimidation de la part d'autres élèves.

À l'école, je me faisais frapper, dévisager et insulter. Je me faisais dire des choses atroces telles que « la vie serait meilleure sans toi ». Je me faisais dire que j'étais juste bonne à « me faire enculer ». On disait de moi que j'étais une « ignorante », une « conne », une « moins que rien », et que je n'avais aucun avenir. Je me faisais dire que je ne réussirais rien dans la vie, que je ne valais rien et j'en passe.

Finalement, à l'école, je n'avais pas plus la paix qu'à la maison. Je n'avais aucune confiance en moi. Comment s'estimer lorsque les gens qui sont censés t'aimer et t'éduquer passent leur vie à t'insulter ? Je n'ai malheureusement pas reçu l'amour auquel un enfant est en droit de recevoir de la part de ses parents. L'amour tout

Pas un mot!

court pour me faire avancer dans la vie, je ne l'ai pas reçu. J'avais honte de moi.

À l'âge de dix ans, j'ai commencé à boire moi aussi. Eh oui! comme mon père. Au début, je prenais du vin, ensuite ce fut de la bière, pour finalement tomber dans le scotch. À l'âge de onze ans, j'ai commencé à fréquenter des gens plus vieux que moi et à me donner parfois à des « jeux d'adultes. »

À cette même période, la vie à la maison était insoutenable. À l'école, c'était pareil, j'étais aussi victime d'intimidation.

Tous les jours

Toutes les heures

Toutes les minutes

Toutes les secondes

À l'âge de 19 ans, j'ai commencé à m'engouffrer. Heureusement, j'avais une personne formidable, tel un ange, qui m'a aidé à me sortir de cette vie d'enfer dans laquelle je pataugeais.

Mon père est décédé d'un cancer du foie le 30 janvier 2010. Le lendemain soit le 31 janvier 2010 mon ange, mon meilleur ami est lui aussi décédé. D'une overdose.

J'ai essayé de me changer les idées à la suite de cette période noire. J'ai utilisé les réseaux sociaux pour rencontrer de nouvelles personnes. J'avais fait la connaissance d'un beau garçon en ligne. Je lui parlais souvent sur MSN, et je suis tombée follement amoureuse de lui. À notre première rencontre, il m'a humiliée et m'a fait croire que je n'étais pas assez « belle » pour être avec lui. Il m'a traitée de « télétubbies », vous voyez le

L'intimidation ...ça fait mal !

genre ? Je suis tout de même restée en couple avec lui quelques mois. Malgré les insultes, malgré le fait qu'il me ridiculisait comme mon père le faisait.

Il paraît qu'une jeune femme cherche son père dans le début de sa vie amoureuse. Pour ma part, je pouvais dire que je l'avais trouvé…

Malgré tout ça, j'étais amoureuse de lui (en fait, je croyais l'être). Encore aujourd'hui, lorsque je le vois, il ne me laisse pas indifférente. Après avoir rompu avec lui, j'ai commencé à me mutiler. Au début, c'était juste de petites coupures, puis de plus en plus, j'y allais profondément.

Si vous saviez le bien que cela m'apportait. C'est un « feeling » inexplicable. J'ai conservé encore aujourd'hui quelques cicatrices de mes sévices. Je les oublie souvent, mais il suffit que je regarde mes cuisses, et mes bras pour que les souvenirs de cette époque reviennent. J'ai tenté à quelques reprises de m'enlever la vie. Je me disais que même la mort ne voulait pas de moi.

La police est intervenue à quelques reprises pour m'offrir son aide. (Je crois que je n'étais pas en mesure d'accepter l'aide qu'on m'a offerte à ce moment-là). Je n'ai pas eu le courage de porter plainte contre mes agresseurs, et d'avouer mon histoire et la réalité qui l'entourait. Les policiers m'ont alors laissée seule à nouveau.

Il m'a été suggéré de rencontrer un psychologue. Je n'ai pas voulu parler à ce moment-là non plus. Je suis donc repartie encore une fois, seule avec mon lourd bagage. Pendant l'année 2013, j'ai été internée dans un hôpital pour me rétablir de mes problèmes psychologiques et mentaux. Lorsque j'en suis sortie, j'ai eu une petite période d'accalmie. Ça n'a pas duré longtemps.

Ma grand-mère à cette période-là a profité du fait que je n'allais pas bien pour me faire entrer de mauvaises idées dans la tête. Cette dernière ne m'aimait pas plus que les autres, et elle disait même que tout ce qui m'arrivait dans la vie était de ma faute. Peu après, j'ai recommencé à boire. Pour payer l'alcool que je consommais, j'ai commencé à faire de la photo. Des photos osées. J'ai commencé à danser dans un club de « danseuses nues », et à donner de mes services en tant qu'escorte.

Je savais que ce n'était pas « bien » ce que je faisais, mais tout cela me faisait me sentir importante. Le fait de voir que des hommes et même des femmes avaient du plaisir à me regarder, et à me toucher m'apportait une sorte de bien-être.

Je vous ai partagé seulement quelques tranches de mon vécu, parce que j'ai encore du mal à tout raconter. Lorsque j'ai assisté à une conférence de Ghislain Larocque, j'ai réalisé que je n'étais pas seule à vivre des difficultés de ce genre. J'ai pris la décision de me prendre en main. J'ai cessé de boire, j'ai arrêté de danser, de travailler comme escorte et même de faire de la photo.

J'ai cheminé et trouvé une belle raison de m'attacher à la vie. Aujourd'hui, j'ai quatre enfants que je chéris, et dont je m'occupe jour et nuit. J'ai un fils qui a survécu à une leucémie, mais qui vit aujourd'hui avec le diabète. J'ai un autre de mes fils qui a vécu des mauvais traitements en foyer d'accueil lorsqu'il vivait chez un membre de ma famille. J'ai également une fille qui souffre d'asthme et qui doit prendre des médicaments.

L'intimidation ...ça fait mal !

Mes enfants sont ma raison de vivre, et je les adore. Je serai toujours présente pour eux. J'ai maintenant un ami formidable sur qui je peux compter.

Malgré tout cela, je pleure encore chaque jour du manque d'amour que je n'ai pas reçu de ma famille d'origine. Je pleure parce que cela me fait mal de penser à tout ce que j'ai subi.

J'ai perdu toute confiance envers les êtres humains. L'humain est le seul animal capable d'être si cruel. Un humain peut tuer, enlever des vies et briser des cœurs au sein des familles. Ne me dites pas après cela que l'humain est un être intelligent.

MALGRÉ TOUT CE QUE J'AI VÉCU, JE SUIS TOUJOURS EN VIE. JE COMPTE RESTER EN VIE POUR RÉALISER MES RÊVES.

L'intimidation et la violence sont de graves problèmes qu'il faut régler.

Conclusion

Pas un mot!

Il y avait au sein de sa famille un climat de violence physique dès le départ. Elle a également été victime d'intimidation verbale. Cette femme reste blessée émotivement aujourd'hui. Lorsque je l'avais rencontrée, elle était détruite. Elle a pleuré à quelques reprises lors de ma conférence. Elle a de la difficulté à croire en elle. Elle travaille continuellement avec des professionnels, et heureusement, elle chemine avec le temps. Tranquillement, mais elle chemine ! C'est ce qui est important ! Cependant, elle devra travailler sur son estime

Pas un mot!

pour le restant de ses jours. C'est trop facile d'intimider une personne et de la juger. Pensez à ce que vous vous apprêtez à dire avant de blesser les gens avec de simples jugements. Essayez de vous mettre à la place des gens, et de réaliser comment vos paroles peuvent avoir des répercussions chez les autres avant de dire quoi que ce soit contre qui que ce soit.

Ces petits gestes feront une différence.

CHAPITRE 15
Être Immigrant!

Prends une feuille de papier et froisse-la ! Ça y est, tu l'as fait ? Maintenant, essaie de remettre la feuille de papier comme avant, bien lisse. Tu as du mal à y arriver ? Mon cœur est comme cette feuille de papier : une fois que tu lui as fait du mal, il est difficile pour moi de le retrouver comme il était avant.

Mais il est où ce petit Aristote ? J'ai été victime d'intimidation. Un jour, j'en ai eu assez : j'ai pris mes cliques et mes claques, et je me suis enfui.

Je n'étais pas comme les autres. Je venais d'un autre pays (Haïti). De plus, je ne parlais pas très bien la langue française, et j'avais une main plus petite que l'autre. Tout cela faisait en sorte que certains élèves riaient de moi.

Les gens me poussaient dans les casiers, et ils m'injuriaient de toutes sortes de noms. À plusieurs reprises, je me faisais aussi voler mon argent de poche.

Lorsque je rentrais chez moi, je me faisais même parfois suivre. Une fois que j'étais à la maison, j'allais souvent pleurer dans ma chambre. Je me sentais terriblement seul, et je vivais dans une ville qui m'était alors étrangère.

Heureusement que le soir, je pouvais parfois parler avec mes amis haïtiens sur *Facebook*. C'était ma façon de me sentir encore aimé en quelque sorte. Des élèves

L'intimidation ...ça fait mal !

de l'école que je fréquentais se sont aussi mis à m'intimider sur *Facebook*.

Je ne savais plus quoi faire pour qu'ils arrêtent de m'intimider. J'étais rendu à un point où je ne voulais plus voir personne, je m'isolais souvent. Je n'allais plus en cours parce que j'avais peur de me faire intimider encore. Je sortais même rarement à l'extérieur. La direction de l'école a fini par appeler mes parents afin de les informer que je ne fréquentais plus l'école. Mes parents se sont questionnés bien évidemment à savoir pourquoi je n'allais plus en cours. Je n'avais pas parlé de ce que je vivais avec eux.

Après m'avoir expliqué avec mes parents sur les raisons de mes absences à l'école, nous sommes allés rencontrer la direction. Les gens qui m'intimidaient ont été suspendus, et ils ont dû rédiger une lettre d'excuse à mon égard.

Malheureusement, après cet épisode, je me suis fait traiter de « pissou » et de « poule mouillée ». Je me faisais dire que j'étais incapable de régler mes problèmes par moi-même. J'ai été victime à nouveau d'actes de violence, et les rumeurs contre moi étaient encore propagées. De plus, j'ai aussi été témoin de racisme.

Un soir alors que je revenais de l'école, je me suis fait suivre par deux gars. Comme j'étais seul chez moi, et que mes parents étaient absents, ceux-ci ont décidé qu'ils entreraient de force avec moi. Les deux gars m'ont battu et ils m'ont également fait des attouchements. Ils m'ont attaché à mon lit et ils m'ont retiré tous mes vêtements. J'ai rapidement compris la suite des choses : j'étais leur « esclave » et je devais leur obéir.

Ils m'ont par la suite forcé à leur faire une fellation. Je me faisais frapper à grand coup, et ils m'ont sodomisé de force. Je pleurais tellement fort de dégoût. Le pire dans tout cela, c'est que je n'étais pas capable de bouger.

Une fois qu'ils eurent terminé, ils m'ont menacé de ne pas parler de ce qui venait de se produire, sinon j'allais me faire étrangler. J'étais totalement en état de panique. Je n'ai pas osé en parler à qui que ce soit.

J'ai fait une fugue à la suite de cet événement. Je me suis retrouvé en dessous d'un pont dans la ville de Montréal. Je suis resté caché là pendant plusieurs jours avant que les autorités ne me retrouvent. J'ai dénoncé la situation et j'ai demandé de retourner dans mon pays. Je ne voulais plus vivre ici, au Canada.

Les deux gars qui m'ont attaqué, et agressé furent arrêtés. Ils ont également été condamnés à trois ans de prison. Ils ont seulement fait huit mois. Où est la justice ? Ma vie est détruite, alors que ces gens sont encore en liberté aujourd'hui. J'ai peur encore aujourd'hui, mais je sais que je dois m'accrocher à la vie.

Voilà mon histoire concernant l'intimidation. J'espère qu'elle vous a donné à réfléchir, et surtout qu'elle vous aura fait dire NON à l'intimidation.

Conclusion
Être Immigrant!

Être un immigrant dans un nouveau milieu, dans un nouveau pays, et le fait de vivre tous ces changements, cela n'a rien d'évident. Encore en 2017, il existe à l'égard de ces gens beaucoup trop de préjugés. L'une des clés

L'intimidation ...ça fait mal !

pour comprendre l'état d'esprit d'un jeune immigrant est le sentiment de vulnérabilité qu'il peut ressentir à son arrivée. Ces gens ont une réalité bien différente de la nôtre, ils peuvent vivre aux prises avec des difficultés dont nous n'avons aucune idée. Imaginez si en plus, ces gens-là doivent vivre un rejet et être intimidés par d'autres pairs en milieu scolaire. Faire de la prévention dans les écoles serait peut-être une bonne idée afin de contrer l'intimidation envers les personnes immigrantes.

CHAPITRE 16
Le temps passe, la douleur reste

Je vous partage l'histoire d'Annie, que j'ai rencontrée à Drummondville en 2015. Elle avait seulement 18 ans et sa vie était un enfer. Elle m'a fait confiance et m'a partagé son histoire.

Tout a commencé durant mon secondaire II. Un bon matin, j'ai reçu des menaces de mort de deux élèves de ma classe. Ces gens m'ont expliqué comment ils allaient procéder pour mettre fin à mes jours et m'ont décrit la souffrance à laquelle je devais m'attendre. Au début, je croyais que c'était une plaisanterie. J'ai finalement compris que ce n'en était pas une. J'ai reçu des courriels, et des lettres qui montraient en détail toutes mes allées et venues de la journée.

Lorsque j'ai réalisé que je me faisais espionner, j'ai décidé d'en parler à ma mère. Ma mère a pris la situation en main et elle a téléphoné aux policiers. Elle les a rencontrés pour porter une plainte contre ces gens. Nous avons porté plainte à quelques reprises, mais nos démarches n'ont pas donné quoi que ce soit.

Je recevais le même genre de lettres de menaces dans mon casier à l'école. J'en recevais également par MSN et sur mon *Facebook*. Le soir parfois, des gens frappaient à la fenêtre de ma chambre. Je me sentais espionnée.

L'intimidation ...ça fait mal !

Les mois passaient, et la situation persistait. À l'école, je me faisais traiter de « grosse pute », de « salope ». De plus, on disait de moi que je « couchais avec tous les gars que je voyais. » Bref, les gens me traitaient de « fille facile ».

Ces gens ont détruit ma réputation.

Chaque fois que je marchais dans le corridor de l'école, on me regardait bizarrement. Je me faisais pointer du doigt, et je me fais tout le temps pousser dans les casiers. Je me faisais voler mon argent de poche ou briser mes effets scolaires. Ma mère devait chaque semaine m'acheter du nouveau matériel pour compenser les bris.

En classe, je me faisais lancer plein d'objets par la tête, on riait de moi, et on me pinçait en dessous de la table. Une fois, c'était tellement ridicule ce que j'ai vécu : un gars a pris des ciseaux et a coupé mon chandail. Il aurait pu s'arrêter là, mais non, il a aussi découpé ma brassière. Je me suis retrouvé les seins nus en classe.

Ma mère et moi avons demandé de l'aide à la direction de l'école pour que tout cela cesse. Malheureusement, nous n'avons pas été prises au sérieux. Même le directeur trouvait cela drôle. Il a convaincu ma mère de me faire consulter un psychologue. Il disait que j'avais un comportement « agressif ». Il croyait que c'était moi qui étais folle.

Ma mère a accepté de me faire rencontrer le psychologue de l'école, ce que j'ai fait dès le lendemain. La situation d'intimidation que je vivais n'avait pas bougé malgré tout.

Un soir, alors que je revenais à la maison, un élève de l'école m'a attaquée par-derrière et m'a frappée. Cette journée-là, je suis tombée en pleurs, je n'en pouvais plus de tout ce que je vivais. Je ne comprenais pas pourquoi tout le monde me voulait du mal. Il y avait juste ma mère qui savait ce qui m'arrivait, et c'était la seule en qui j'avais confiance.

Quelques jours plus tard, ma mère m'annonçait une terrible nouvelle : elle était atteinte d'un cancer généralisé. À cet instant, la vie pour moi s'est arrêtée. J'ai cru que ma mère était malade à cause de moi, et de mes problèmes.

Le lendemain, je me suis confié à mon professeur au sujet de la santé de ma mère. Je me souviens encore aujourd'hui de sa réaction, et de ses paroles blessantes : « ce n'est pas mon problème ». Elle m'avait aussi dit qu'elle appellerait les services sociaux (DPJ) lorsque ma mère serait décédée afin qu'on me place en famille d'accueil. Elle semblait trouver la situation drôle, puisqu'elle riait devant moi.

Je l'ai cru et elle aurait pu le faire. J'ai désiré en finir moi aussi, et aller au paradis avec ma mère.

Je voyais ma mère mourir à petit feu avec les mois. J'ai reçu des menaces de la direction de l'école que mes notes étaient en baisse, et que si je n'arrêtais pas de m'occuper de ma mère malade, ça irait mal pour moi. Cette journée-là, j'ai pris mon courage à deux mains et j'ai quitté l'école. Peu importait les conséquences.

Malgré que j'aie quitté l'école, l'intimidation est toujours présente dans ma vie. Aujourd'hui, j'en suis encore victime en vous rédigeant mon histoire. Je me fais encore parfois intimidée, et harcelée lorsque je suis en présence d'autres gens. Je me fais même frapper parfois.

L'intimidation ...ça fait mal !

J'ai porté plainte à plusieurs reprises auprès des policiers du quartier, mais le dossier finit toujours par se « fermer par manque de preuves ». Je peux même plus mettre un pied dehors sans que je me fasse intimider. Tout ça pour vous dire que vous n'êtes pas seul à vivre des moments difficiles. Même si parfois, vous demandez de l'aide et que cela n'apporte pas les résultats escomptés, il est important de rester fort dans l'adversité.

Conclusion

Le temps passe, la douleur reste!

Je constate à la lecture de cette histoire qu'elle a subi de l'intimidation physique, de l'intimidation verbale et de la cyberintimidation. Nous constatons encore là qu'il n'existe pas beaucoup d'outils pour aider les professionnels à aider les victimes d'actes barbares. Je crois qu'il est primordial que les écoles aient un plan d'action pour intervenir en cas d'intimidation. Lorsqu'un jeune a le courage de dénoncer l'intimidation, il est impératif que les adultes sachent quoi faire, et cela dans un délai très rapide. Parler de l'intimidation avec les jeunes ne suffit pas souvent pour se donner bonne conscience. Il ne faut surtout pas banaliser ce qu'ils nous disent vivre. La meilleure solution pour le moment reste encore de changer notre façon d'agir, et de dénoncer si nous sommes victime d'un acte lié à l'intimidation.

CHAPITRE 17
Autisme et intimidation

À la dernière minute, j'ai reçu une histoire concernant l'intimidation dans mes courriels. Je crois que cette histoire a aussi sa place dans ce livre. Voici l'histoire de Benoit, un jeune autiste.

(Selon la classification internationale des maladies de l'OMS [CIM 10], l'autisme est un trouble envahissant du développement qui affecte les fonctions cérébrales.)

Pendant mon enfance, j'ai été victime d'intimidation continuellement de la part de mes camarades de classe à l'école. Je me suis fait traiter de « tata » tout comme « d'handicapé manqué ». Pourtant, à l'école, je réussissais bien, et l'on me prenait pour un « bolé ». J'étais bon en mathématique, mais j'avais des problèmes de concentration.

J'ai dû quitter l'école parce que je n'étais pas capable de terminer mes cours à cause de mes troubles de concentration.

Mon père s'est enlevé la vie alors que j'avais 16 ans. Ce dernier se sentait coupable des problèmes que je vivais. Avant que mon père ne décède, j'avais une bonne logique. J'étais une personne plutôt rationnelle, jusqu'à ce que mes émotions prennent plus de place, et que je commence à être attiré par les arts.

L'intimidation ...ça fait mal !

Mon père m'avait inscrit à des cours de karaté pour que je puisse me défendre contre mes intimidateurs. Je trouvais ce sport trop violent, alors j'ai fini par quitter cet art aussi. Je me disais que je n'allais pas régler mes problèmes en utilisant la violence.

J'ai été un champion de Haki. Je détiens un record de 10 000 coups consécutifs à ce jeu. Bien des gens peuvent trouver cela ridicule (les filles surtout !), mais moi j'en suis plutôt fier. À cette époque, j'étais en 3e année du primaire, et des gens riaient de moi en disant que je n'étais pas bon.

Je fus diagnostiqué TDA, et aussi avec trouble du spectre de l'autisme à l'âge de 27 ans, en 2013. J'ai compris à ce moment que je n'étais pas comme les autres. Je suis actuellement sur une liste d'attente (due aux gouffres de notre système de santé) afin de rencontrer des spécialistes. J'aurai aimé avoir ce diagnostic plus tôt, ainsi, peut-être que j'aurais eu l'aide nécessaire pour m'aider à l'école, et ainsi réussir dans mes cours. Peut-être également que je ne me serais pas fait intimider de la même façon que ce fut le cas si les gens savaient de quoi je souffrais.

J'ai fait des études en cinéma au cégep, mais je me retrouvais souvent « rejet » lorsque venait le temps de faire des travaux d'équipe. J'ai perdu confiance en moi et en ma capacité de réussir. Je n'avais pas de bourse pour étudier, et je n'avais pas accès aux services que les personnes aux prises avec un TSA sont en droit de recevoir.

En ce moment, je travaille beaucoup sur moi-même. Je tente de m'accepter tel que je suis. En ce qui concerne mes histoires d'amour, c'est plutôt tranquille. J'ai de la difficulté juste à me faire des amies, j'ai souvent l'impression que les gens avec un TSA font peur aux femmes. J'ai eu le béguin pour une femme, mais celle-ci n'a pas osé envisager quoi que ce soit avec moi, elle ne voulait même pas me parler.

Je rêve d'écrire un livre pour que les gens comprennent mieux la réalité des gens autistes. J'aimerais que les gens sachent que nous aussi, nous avons un cœur, et que nous n'aimons pas nous faire considérer comme des « handicapés ».

Conclusion

Autisme et intimidation

J'ai partagé cette histoire, car la plupart des personnes autistes sont victimes d'intimidation. Ceux-ci peuvent vivre autant de l'intimidation verbale, de l'intimidation sociale, ainsi que toutes les autres formes. Il existe beaucoup de préjugés concernant l'autisme tels que ce sont « des Mongols », des « déficients intellectuels », des gens avec « aucune émotion », « renfermés sur eux-mêmes », etc. Certains autistes vont tenter de régler le problème par de la violence physique (œil pour œil, dent pour dent), une méthode qui peut être efficace à première vue, mais loin d'être idéale. Comme vous pouvez le voir, l'intimidation est loin d'amener plus d'ouverture aux différences dans la société.

CHAPITRE 18
Loi canadienne sur l'intimidation

Depuis quelques années, la loi sur l'intimidation et le taxage a été renforcée.

Intimidation

423 (1) Est coupable soit d'un acte criminel passible d'un emprisonnement maximal de cinq ans, soit d'une infraction punissable sur déclaration de culpabilité par procédure sommaire quiconque, injustement et sans autorisation légitime, dans le dessein de forcer une autre personne à s'abstenir de faire une chose qu'elle a légalement le droit de faire, ou à faire une chose qu'elle peut légalement s'abstenir de faire, selon le cas :

A. fait usage de violence ou de menaces de violence envers cette personne ou son époux ou conjoint de fait ou ses enfants, ou porte atteinte à ses biens;

B. intimide ou tente d'intimider cette personne ou un parent de cette personne par la menace que, au Canada ou ailleurs, des actes de violence ou d'autres blessures soient infligés à lui ou à un de ses proches, la propriété de l'un d'eux sera endommagée;

C. Suit de façon persistante cette personne;

L'intimidation ...ça fait mal !

D. Cache les outils, vêtements et autres biens appartenant à cette personne ou utilisés par cette personne, ou l'en prive ou l'empêche de s'en servir;

E. Avec une ou plusieurs autres personnes suit cette personne, de façon désordonnée, sur une route;

F. Assiste ou surveille le lieu où elle réside, travaille, exploite ou se trouve être ;

G. Bloque ou obstrue une route.

Exception (2) la personne qui se présente à une maison d'habitation ou à proximité d'une maison d'habitation ou à proximité de celle-ci, dans le seul but d'obtenir ou de communiquer des renseignements, ne surveille pas ou ne se préoccupe pas au sens du présent article.

R.S., 1985, c. C -46, a. 423; 2000, c. 12, a. 95; 2001, c. 32, a. dix.

Référence: Site du gouvernement du Canada sur la législation

http://laws-lois.justice.gc.ca/fra/lois/C-46/section-423.html

CHAPITRE 19
Signes d'une victime d'intimidation

Source (Prevnet.ca) :

Il est parfois difficile pour un enfant de se confier à un adulte et ce, qu'il soit victime d'intimidation ou qu'il soit l'agresseur. Pourtant, la clé de la prévention est précisément l'intervention de l'adulte ; parents et éducateurs doivent être en mesure de déceler les signes émotifs et comportementaux de ces enfants aux prises avec l'intimidation, victimes ou agresseurs. Comme l'intimidation est avant tout un problème relationnel, l'adulte doit examiner avec soin les relations de l'enfant pour déceler chez lui les signes de victimisation ou d'agression. Ces signes nous indiquent que, bien souvent, l'enfant qui se fait intimider compte peu de relations saines capables de lui refléter une image positive de lui-même et reconnaître son pouvoir personnel et son indépendance ; quant aux enfants qui intimident leurs pairs, ces signes nous indiquent qu'ils ont souvent recours à l'abus de pouvoir et la violence dans leurs relations interpersonnelles ou avec leurs proches.

Signes chez l'enfant victime d'intimidation – au plan émotionnel et comportemental

- ☐ Craint d'aller à l'école ou de participer à d'autres activités
- ☐ Semble angoissé, terrifié

L'intimidation …ça fait mal !

- ☐ Manque d'estime de soi et fait des commentaires négatifs sur sa personne
- ☐ Dit ne pas être en forme (maux de tête, d'indigestion)
- ☐ Manque d'intérêt pour l'école et voit ses résultats scolaires chuter
- ☐ Perd ses effets personnels, a besoin d'argent, dit avoir faim au retour de l'école
- ☐ A des blessures ou des « bleus » sur le corps, a des vêtements déchirés, des biens brisés
- ☐ Semble malheureux, irritable
- ☐ Dort mal, fait des cauchemars
- ☐ Menace de se blesser ou de blesser autrui
- ☐ Semble isolé, exclus de son groupe ou de ses pairs

Signes chez l'enfant victime d'intimidation – au plan relationnel

- ☐ Peut avoir des parents trop protecteurs
- ☐ Peut être victime d'intimidation de la part de ses frères et sœurs, à la maison
- ☐ Est seul et isolé à l'école
- ☐ Compte peu d'amis à l'école ou dans le voisinage
- ☐ Peut avoir des professeurs qui ignorent tout de ses forces et de ses défis et qui, de ce fait, ne peuvent répondre à ses besoins
- ☐ A rarement l'occasion de briller et de montrer ses talents à la maison, à l'école ou au sein de sa communauté (pouvoir/ reconnaissance personnelle).

Signes d'une victime d'intimidation

Signes chez l'enfant intimidateur – au plan émotionnel et comportemental

- ☐ Est violent envers ses parents, ses frères et sœurs, ses animaux de compagnie et ses amis
- ☐ Est peu soucieux des sentiments d'autrui
- ☐ Se montre autoritaire et manipulateur pour parvenir à ses fins
- ☐ Possède des biens ou d'importantes sommes d'argent sans pouvoir en justifier la provenance
- ☐ Demeure très réservé au sujet de ses biens, ses activités et ses déplacements
- ☐ Approuve le recours à la violence
- ☐ Éprouve rapidement de la frustration, est colérique
- ☐ Nie l'impact que ses faits et gestes peuvent avoir sur les autres
- ☐ A des amis qui ont recours à la violence et l'intimidation
- ☐ A du mal à résister à la pression exercée par ses pairs

Signes chez l'enfant intimidateur – au plan relationnel

- ☐ Suit l'exemple de ses parents qui ont recours à la violence et à l'abus de pouvoir en criant, frappant ou rejetant l'enfant
- ☐ Suit l'exemple de ses parents qui maintiennent une relation de couple fondée sur la violence et l'abus de pouvoir
- ☐ Est victime d'intimidation de la part de ses frères et sœurs, à la maison

L'intimidation ...ça fait mal !

- A des amis qui ont recours à la violence et à l'intimidation
- A du mal à résister à la pression exercée par ses pairs
- Suit l'exemple de ses professeurs ou animateurs de groupe qui ont recours à la violence et à l'abus de pouvoir par les cris, l'exclusion ou le rejet
- A rarement l'occasion de briller et de montrer ses talents à la maison, à l'école ou au sein de sa communauté (pouvoir/ reconnaissance personnelle).

CHAPITRE 20
Défi je m'accepte tel que je suis !

En novembre 2015, j'étais à la recherche d'une idée pour ajouter un petit plus à mes conférences, ou encore à mes visites dans des salons d'auteurs. J'avais comme objectif d'avoir un contact direct avec eux, je voulais que nous nous sentions unis. Je voulais surtout, contribuer à ma mission qui est d'aider les gens à s'accepter tels qu'ils sont.

Comme mentionné dans mon premier livre, plusieurs études affirment que 97 % des gens ont eu ou ont des problèmes liés à l'acceptation de leur personne.

Alors que j'étais dans un salon dans la ville de Drummondville, j'ai eu un « flash », et le défi a pris naissance dans mon esprit. Le défi est simple : il consiste à faire réagir le cerveau en lui disant des choses agréables à entendre (ex. un beau compliment) afin que celui-ci enregistre ces affirmations qui peuvent nous aider à nous accepter davantage.

Au début, le défi a débuté sur *Facebook*, il consistait à prendre une photo de soi et ensuite, d'ajouter le logo « je m'accepte tel que je suis ». De prendre la décision de s'afficher ainsi, et de dire haut et fort que tu t'acceptes comme tel, fait déjà la différence en toi, et dans ta tête. Le réseau social a pris en puissance avec le temps, et le fait de recevoir des commentaires positifs à la suite de ce simple geste peut faire augmenter le niveau d'estime de soi-même.

En 2017, j'ai décidé d'ajouter quelque chose au défi. J'ai voulu mettre un peu d'humour dans le cadre du défi, alors les gens peuvent maintenant prendre la photo avec la mascotte officielle : Georges le curieux.

Après avoir réalisé la photo, les gens sont invités à réaliser une mini vidéo où ils s'expriment sur le défi et sur la difficulté de celui-ci. (Également, ce que ce défi leur apporte au quotidien.)

Puis, si les gens le souhaitent, ils peuvent écrire leur histoire qui pourrait un jour se retrouver dans un livre que j'aimerais vous partager sur le sujet de l'acceptation de soi.

N'hésitez pas à me demander des renseignements pour participer à ce défi lorsque vous me rencontrerez à une de mes conférences ou dans un salon d'auteurs. Tous ensemble, nous pouvons faire une différence pour parvenir à éliminer toutes formes d'intimidation ainsi que le jugement.

Aide!

Voici quelques sites internet et endroits pour obtenir de l'aide si vous êtes victime d'intimidation.

Ligne aide abus Aînés : 1-888-489-2287
Internet : http://www.aideabusaines.ca/

Jeunesse j'écoute : 1-800-668-6868
Internet: https://jeunessejecoute.ca

Gai écoute : 1-888-505-1010
Internet : http://www.gaiecoute.org/

Ligne parent : 1-800-361-5085
Internet : http://ligneparents.com/

Tel-Jeunes : 1-800-263-2266
Internet: http://teljeunes.com

Cyber aide : 1-866-658-9022
Internet : https://www.cybertip.ca/app/fr/

Prévention au suicide : 1-866-277-3553
Internet : www.cpsquebec.ca/

Fondation Jasmin Roy : 514-393-8772
Internet: http://fondationjasminroy.com

Prevnet : 1-866-372-2495 Inernet : www.prevnet.ca/

Conclusion

Vous l'avez sans doute constaté : l'intimidation est un phénomène qui peut se vivre partout sur la planète. Nous pouvons en être témoins à l'église, à l'école, dans les transports en commun, dans l'armée, dans n'importe quel lieu public, et même dans les spectacles d'humour. (Et dans nombre d'endroits divers). Parfois, les gens qui utilisent l'intimidation pour arriver à leurs fins le font pour être « cool » ou « populaire ». Il peut arriver aussi qu'une personne use de ces tactiques parce qu'elle veut se faire remarquer.

En aucun temps, malgré tout, nous ne devons tolérer ces actes. Si nous laissons les choses aller, sans intervenir, les intimidateurs continueront à exercer leur pouvoir, et ils useront de ce même pouvoir dans leurs relations. L'intimidation peut prendre plusieurs formes à mesure qu'une personne grandit et évolue dans la vie. À l'adolescence, c'est parfois une façon pour certains de s'affirmer et d'apprendre à connaître ses limites en ce qui a trait à la domination.

Un être qui développe sa pensée et ses habiletés sociales peut prendre conscience que certains sont plus vulnérables, et il pourrait ainsi chercher à les dominer. L'intimidation tend à se raffiner, et parfois, elle s'exprime par diverses formes de violence telles que de la violence verbale, sociale, homophobe, raciale, ou encore sexuelle. Avec le temps, ces nouvelles formes d'agression se transposent dans d'autres relations, et d'autres milieux de vie.

À force de voir des actes d'intimidation pendant l'enfance, un être en grandissant remarquera que cette même intimidation pourra prendre d'autres visages avec le temps. Il pourra en résulter des comportements destructeurs et répréhensifs comme le harcèlement sexuel au travail, la violence dans les relations amoureuses, la violence envers le conjoint, les enfants ou les aînés.

Nous devons identifier les cas d'intimidation, et intervenir rapidement avant que la violence ne devienne un mode de fonctionnement adopté par l'enfant. Les adultes doivent savoir que l'intimidation s'exprime différemment selon les groupes d'âge; il est donc parfois difficile à déceler.

(Source la Croix Rouge)

Depuis quelques années, la Croix-Rouge offre des programmes de prévention de l'intimidation et de la violence. La Croix-Rouge travaille avec les jeunes pour les aider à mieux communiquer et à acquérir de meilleures compétences interpersonnelles.

Au Québec, l'an dernier, l'atelier en classe *Au-delà de la souffrance* du programme ÉduRespect a été suivi par plus de 1000 jeunes de 10 à 15 ans et le nombre d'écoles participantes ne cesse d'augmenter.

Voici quelques conseils à transmettre à vos enfants pour mieux les outiller face à l'intimidation :

1. Tendez la main aux adultes

Les enfants qui sont victimes de menaces ou d'intimidation craignent souvent de se confier à un adulte ou à un professeur. Encouragez-les à parler de leurs soucis et rappelez-leur que les adultes ont la responsabilité de les protéger.

2. Respectez les autres

Le respect de soi-même et d'autrui est une des leçons les plus importantes à transmettre aux enfants. L'apprentissage du respect est essentiel pour lutter contre l'intimidation dans nos écoles.

3. Ne soyez pas un spectateur, agissez !

Saviez-vous que 85 % des gestes d'intimidation se déroulent devant un public ? Même lorsqu'un enfant n'est pas directement visé, il peut être témoin de comportements nocifs. Dans ces situations, dites-lui de se détacher du groupe et de chercher un adulte susceptible d'aider. Il vaut mieux faire partie de la solution que du problème.

4. Debout contre l'Intimidation

Si votre enfant est témoin d'intimidation, il devrait éviter de participer et plutôt chercher un moyen de défendre la victime. Personne ne mérite de subir ce type d'assaut. Lorsque qu'on a le courage d'intervenir, il y a de fortes chances que l'intimidation cesse.

5. Les mots blessent même sur Internet

La cyberintimidation est un problème très grave. Si votre enfant est victime d'intimidation ou de piratage sur les médias sociaux ou par courriel, il doit en parler à un adulte de confiance. Tâchez de surveiller son activité en ligne et rappelez-lui que les médias sociaux doivent être utilisés pour une communication positive.

L'intimidation ...ça fait mal !

Astuce : Si votre enfant est sur Facebook, il est possible de contrôler les publications qui s'affichent sur son journal public ainsi que les paramètres de confidentialité pour éviter par exemple qu'il reçoive des messages de gens qui ne sont pas dans ses amis Facebook. Il suffit d'aller sous «Compte» et choisir «Confidentialité» pour régler les autorisations de messages et «Journal et identification» à gauche pour s'assurer d'approuver les messages des amis avant la publication sur le journal.

Finalement :

Qui sommes-nous pour juger et intimider une autre personne ?

Jusqu'à quel point avons-nous le pouvoir de détruire nos différences, nos croyances, etc. ?

Vous avez lu à travers ce livre des histoires bouleversantes réellement vécues. Non, ce que vous avez lu, ce n'était pas des scènes tirées de films d'horreur. C'était bel et bien des faits qui sont arrivés. J'espère de tout cœur que ce livre vous a fait réagir, et qu'à partir d'aujourd'hui vous êtes plus conscients que l'intimidation, ça fait mal. Je nous souhaite de vivre dans un monde meilleur, un monde sans jugement. Un monde où l'amour et le respect envers l'humain domineront sur tout le reste. N'oubliez pas : dénoncer les actes barbares dont vous serez témoins !

Table des matières

Remerciements — 9
Préface — 11
Prologue — 13
Définition — 17

Chapitre 1
Martin le Mammouth — 19

Chapitre 2
Maude : la grosse momo — 23

Chapitre 3
Natascha à la main disparue — 27

Chapitre 4
Godzilla — 31

Chapitre 5
Marc mon ex — 35

Chapitre 6
La petite nouvelle — 39

Chapitre 7
Sandrine la grosse B.S. — 43

Chapitre 8
Luc et Julie les Facebookiens — 47

Chapitre 9
Encore plus de coupures — 51

Chapitre 10
Hommage à Cassidy Joy　　　　　　　　　55

Chapitre 11
L'intimidation n'est pas une blague　　　59

Chapitre 12
Tu ne me connais pas　　　　　　　　　63

Chapitre 13
L'histoire de Sophie, sa libération　　　　67

Chapitre 14
Pas un mot!　　　　　　　　　　　　　71

Chapitre 15
Être Immigrant!　　　　　　　　　　　79

Chapitre 16
Le temps passe, la douleur reste　　　　83

Chapitre 17
Autisme et intimidation　　　　　　　　87

Chapitre 18
Loi canadienne sur l'intimidation　　　　91

Chapitre 19
Signes d'une victime d'intimidation　　　93

Chapitre 20
Défi je m'accepte tel que je suis!　　　　97
Aide!　　　　　　　　　　　　　　　　99
Conclusion　　　　　　　　　　　　　101

De la même maison d'édition :

Section jeunesse

Blanc de nuit, Conte de Noël, de Jean-Pierre - Veillet-Conte (3 à 13 ans)

Blanc de nuit, Le versant caché de la lune, de Jean-Pierre Veillet - Conte (3 à 13 ans)

Blanc de nuit, L'aurore boréale des émotions, de Jean-Pierre Veillet - Conte (3 à 13 ans)

Le secret de la clé des lutins, de Jean-Pierre Veillet - Conte (3 à 10 ans)

Lielos, L'autre monde, tome 1, de Jean-Pierre Veillet (7 à 77 ans)

Lielos, La chaleur de l'amour éternel, tome 2, de Jean-Pierre Veillet (7 à 77 ans)

Lielos, Le rituel de la transition, tome 3, de Jean-Pierre Veillet (7 à 77ans)

Lielos, Le cycle de la vie, tome 4, de Jean-Pierre Veillet (7 à 77 ans)

Au pays des allumés, avec B.A (l'abeille),de Jean-Pierre Veillet - Conte (3 à 10 ans)

Le Quinca et le Clown, Benoit-Luc Simard, Illustration Jean-Pi Veillet - Conte (5 à 13 ans)

Les Alliés de la mer, responsable du projet Angela Lavoie - Conte (5 à 13 ans)

Pico l'oiseau et sa maison de rêve, de Marika Lemay-Conte (2 à 7 ans)

Section jeune grand

Blaze, de Yves Roch Mallette

États d'amour, de Isabelle Thibault Delorme

L'invention du clown, de Jean-Pierre Veillet

L'obsession du temps, tome 1, de Bernard Joly

L'obsession du temps, tome 2, de Bernard Joly

J'ai des p'tites nouvelles pour toi, de Thérèse Bibeau

Premier amour et sanglots virtuels, de Tere Isidor

Le journal d'Élizabeth, de Marie-Paule Racine

Le Monde d'Élise, de Élise Hupé

Les Extasiens (Poussières d'étoiles), de Jean-Pierre Ménard

Section Art

Daemondala, de « l'illustrauteur » Allex Bel

Achevé d'imprimer au Québec
En février 2018